Das kulinarische Erbe der Schweiz
Miniaturen von Paul Imhof

Band 1

Band 1

Aargau – Luzern – Obwalden – Nidwalden
Schwyz – Zug – Zürich

Das kulinarische Erbe der Schweiz

Miniaturen von Paul Imhof

Mit Bildern von
Hans-Jörg Walter, Markus Roost und Roland Hausheer

Echtzeit Verlag

Vorwort

Die Schweiz hat den Ruf, ein besonders innovatives Land zu sein. Erfindungen werden ausgeheckt, Patente angemeldet wie nirgendwo sonst. Das hat auch die Europäische Union bemerkt und im Februar 2012 in ihrem Innovationsbericht festgehalten, die Schweiz übertrumpfe mit ihrem kreativen Geist die 27 EU-Länder «fortlaufend». Dieses ständige Suchen nach dem Neuen, Unbekannten oder Anderen und die Lust, Nützliches und Eigenes zu schaffen, spielt sich nicht nur in der Technik ab. Auch bei ihren Nahrungsmitteln beweist sie einen enormen Ideenreichtum.

Allein die Metzger – gut 400 verschiedene Würste haben sie im Verlauf der Jahrhunderte kreiert, von der Blutwurst, die schon bei den Römern beliebt war, bis zu neusten Variationen, die zu jung sind, um ins kulinarische Erbe aufgenommen zu werden. All diese Würste, vom landesweit bekannten Cervelat bis zum Cicitt, der Ziegenwurst aus dem Maggiatal, erinnern jeden Metzger an seine Herkunft, an sein kulinarisches Erbe. Die althergebrachten, vertrauten Produkte stärken nicht nur dem Metzger den Rücken, auch allen andern Handwerkern des Guten – dem Bäcker und Käser, dem Konditor, Brenner und Bauern.

Das kulinarische Erbe der Schweiz ist ein überquellender Schatz an Preziosen des Geschmacks, ein Schlaraffenland von Tradition und Innovation. Jahrhundertealte Lebkuchenrezepte gehören dazu wie Industrieprodukte, etwa Rivella, und die jüngsten Erbstücke, die kaum länger als seit 40 Jahren hergestellt werden – so lange mindestens dauert der Übergang von einer Generation zur nächsten, so lange mindestens muss ein kulinarisches Erbstück erhältlich sein. Für die Handwerker von heute bietet das kulinarische Erbe den Fundus für Neues, für die Kunden eine Art Referenzbibliothek, um die Herkunft von Gerichten und Getränken kennenzulernen.

Das kulinarische Erbe der Schweiz lebt in den Regionen und ist manchmal älter als die Kantonsgrenzen. Lange Zeit hat man das heimische Schaffen etwas aus den Augen verloren, es war ja alles so selbstverständlich, und hat die Welt kennengelernt. Zuwanderer sind mit ihren eigenen Essgewohnheiten in die Schweiz gekommen, Arbeiter aus Italien und Spanien, Flüchtlinge aus Ungarn, dem Tibet, der Tschechoslowakei aus Sri Lanka und dem Balkan, dann brachte man kulinarische Reiseerlebnisse mit, chinesische und japanische, indische, thailändische, brasilianische, türkische Restaurants entstanden, auch dank der neuen Migranten, die ihre Rezepte gleich selber umsetzen.

Um den eigenen Produkten wieder Raum zu verschaffen, haben sich die einzelnen Regionen zu Interessengemeinschaften formiert. Bauern und Handwerker bündeln ihre Spezialitäten, die zum kulinarischen Erbe der Schweiz gehören oder daraus entstanden sind. Mit diesem Führer in der Hand lassen sich die Landschaften der leiblichen Genüsse kennenlernen, das Beste jeder Region.

Und weil ein Produkt allein noch kein Menü macht, braucht es auch Rezepte. Marianne Kaltenbach hat jahrelang traditionelle Rezepte gesammelt, ausprobiert und in ihrem Klassiker *Aus Schweizer Küchen* veröffentlicht – das Buch gehört mittlerweile auch schon zum kulinarischen Erbe der Schweiz. Wie das legendäre *Fülscher Kochbuch* des Fräulein Elisabeth, Kochlehrerin in Zürich, sowie die fortlaufende kreative Auseinandersetzung mit schweizerischen Traditionen und den Geschmäcken und Gerichten der Zuwanderer aus allen möglichen Ländern, die das Team von Betty Bossi leistet.

In diesem Buch sind zwölf passende Rezepte *Aus Schweizer Küchen* eingestreut.

Die Kantone Aargau, Luzern, Ob- und Nidwalden, Zug, Schwyz und Zürich sind Thema des ersten Bandes.

Kulinarische Landschaften

Angeschnallt an seinem Platz, sitzt der Passagier nach dem Aufstieg, einem Kraftakt von 15, 20 Minuten ab Zürich, entspannt im Jet. Ein Glas Wein in der Hand, schaut er auf ein Wirrwarr aus Gipfeln und Kreten hinunter, auf Felsmassen in bizarren Formen, strahlende Schneekuppen und schattige Täler, tief eingeschnitten wie Gräben.

Vielleicht verliert er ein paar Gedanken an die Frage, wie in aller Welt einst Menschen in diese Kleinräumigkeit gefunden haben. Und warum ausgerechnet da unten drei Kulturen aufeinanderstossen, die höchst unterschiedlich sind und einen wesentlichen Teil von Westeuropa bilden – und, als Supplement quasi, auch die Schweiz, deren engen Luftraum das Flugzeug bereits verlassen hat.

So modellhaft das Bild von der mediterranen, atlantischen und kontinentalen Kultur wirken mag, so löchrig ist sein Wert. Besiedlung ist ein komplizierter Prozess, eine Entwicklung, die sich über Jahrtausende hinzieht. Aber immer begleitet von der Suche nach Nahrung – einst der Lebensinhalt schlechthin, heute ein Accessoire des Alltags, von der Marginalie bis zum Statussymbol. Funde führen weit zurück, «Vollkornbrötchen aus Sauerteig sind seit ca. 3600 Jahren nachgewiesen», steht im *Historischen Lexikon der Schweiz*. «Der Wintervorrat bestand aus Getreide, Dörrfrüchten (v. a. Äpfeln) und dem Fleisch von im Herbst geschlachteten Haustieren, das möglicherweise geräuchert wurde.»

In dieser Aufzählung sind schon fast alle Produktkategorien enthalten, die das kulinarische Erbe der Schweiz bilden, es fehlen Milch und Käse, Süssigkeiten und gebrannte Wasser. Fast die ganze Zeit beherrschte die Nahrung das Leben. Sie trieb Europäer auf der Jagd nach wertvollen Gewürzen in neue Welten, liess sich verfeinern und bereichern. Erst gegen Ende des 20. Jahrhunderts begann eine Art Zerfall, das tägliche Brot war so selbstverständlich geworden, dass es seine ideelle Bedeutung verlor. Ob man sich vor dem TV-Gerät mit Peanuts vollstopft und dabei eine Kochsendung anschaut oder ob man sich im Gourmet-Restaurant gastronomische Pirouetten reichen lässt – die Nahrung ist so allgegenwärtig und verfügbar, dass sie zu einem Unterhaltungsfaktor geworden ist.

Kommt dazu, dass die Lebensmittelindustrie die Charakteristik der Produkte, ob traditionell oder neu entwickelt, einem konformvagen, in besonders beliebten Aromen (wie Zucker und Vanille) gezielt verstärkten Geschmacksbrei unterordnet. In wenigen Jahrzehnten hat man es geschafft, einen Schatz an Wissen aufs Spiel zu setzen, der während Jahrhunderten angehäuft worden ist: das kulinarische Erbe der Schweiz.

Die Gefahr ist rechtzeitig erkannt worden. Das kulinarische Erbe soll nicht in Vergessenheit geraten oder unter Profitstreben und Gleichgültigkeit begraben werden. Denn zu diesem Erbe gehören Produkte, die im ganzen Land, in einer Region, in einem Kanton, ja im hinterletzten Krachen Wertschätzung geniessen, nach wie vor hergestellt, gekauft und natürlich auch konsumiert werden. Dieses Erbe aber soll nicht als erratischer Block in sich ruhen, es darf ergänzt und erweitert werden, Neues kommt dazu, ohne das Alte zu verdrängen. Es verändert sich, denn es bildet die Grundlage für neue Produkte, für Weiterentwicklungen. Und auch diese Produkte werden dereinst Teil des kulinarischen Erbes.

In einem Land wie die Schweiz, wo harte Winter Vegetationspausen bewirken und vor der Technisierung des Lebens zu Vorratshaltung gezwungen haben, wo Milchwirtschaft eine bedeutende Rolle spielt, ist die Konservierung von Lebensmitteln besonders wichtig. Es sind im Grunde solche Produkte, die das kulinarische Erbe massgeblich bilden: Wurst und Käse, getrocknetes Fleisch und geräucherte Fische, gedörrte Früchte und eingemachtes Gemüse, vergorene Säfte und gebrannte Moste, aber auch Gebäck, das man monatelang lagern kann wie Walliser Roggenbrot oder das für einen bestimmten Zweck hergestellt wird, insbesondere für kirchliche Feiertage, Dank- und Festessen. Und in all diesen Produkten, die zwischen Lac Léman und Bodensee, zwischen Rheinfall und Lago Maggiore hergestellt und konsumiert werden, reift die Eigenwilligkeit mit.

Vor allem in den Regionen wird die Sehnsucht vieler Menschen nach Identität und Vertrautheit, nach Natürlichkeit und Tradition erfüllt, denn in der Einzigartigkeit der Landschaft, des Handwerks und der ansässigen Menschen entsteht eine Vielfalt an Produkten mit eigener Geschichte und eigenen Geschichten.

«Die Resultate der historischen Forschungen zeigen, dass sich die Produkte in einem konstanten Veränderungsprozess befinden», schreibt Stéphane Boisseaux, Leiter der Equipe, die das Inventar des kulinarischen Erbes erarbeitet hat. «Der Begriff *traditionelles Produkt* beinhaltet eine gewisse historische Tiefe. Er bedeutet jedoch nicht, dass es die inventarisierten Produkte schon ewig gibt: Die meisten sind im Laufe der letzten 200 Jahre entstanden. Die historischen Forschungen für das Inventar erlauben es selten, diesen Zeithorizont zu überschreiten, da entweder keine Erwähnung in älteren Quellen auffindbar war (was an sich auch eine Aussage ist) oder weil man den Nachweis für den späteren Ursprung hat. Älter als 200 Jahre ist zum Beispiel der Glarner Schabziger, das älteste Markenprodukt der Schweiz» («Das Inventar des kulinarischen Erbes der Schweiz» aus dem Buch *Rückkehr in die Gegenwart – Volkskultur in der Schweiz,* 2008).

Das Inventar des kulinarischen Erbes der Schweiz ist im Auftrag von Bund und Kantonen von 2005 bis 2008 erstellt worden und umfasst gut 400 Produkte. Eine Equipe von Spezialisten hat in Bibliotheken und Archiven nachgeforscht und sich von Produzenten berichten und zeigen lassen, wie diese Erbstücke hergestellt werden. Das Wissen ist sorgfältig zusammengetragen und aufgeschrieben worden, externe Experten haben die Texte geprüft.

Zum Buch: Die Ergebnisse des Inventars des kulinarischen Erbes der Schweiz sind die Basis der Texte in diesem Buch. Das Inventar ist auf dem Internet einsehbar unter www.kulinarischeserbe.ch oder www.patrimoineculinaire.ch; dort sind auch die entsprechenden Quellen zu finden.

Der Autor hat weitere Quellen und Material aus seinem Archiv genutzt, eigene Recherchen und Erfahrungen eingebaut.

Das Inventar ist nach Produktkategorien unterteilt. Das vorliegende Buch hat die Produkte nach ihrer Herkunft auf die entsprechenden Kantone verteilt und dort unter den Kategorien gelistet. Kantonale Herkunft lässt sich nicht immer präzise bestimmen, im Inventar gibt es gut 90 Produkte, die national oder überregional bekannt sind, etwa in den Sprachregionen. Solche Produkte hat der Autor nach verschiedenen Kriterien auf die Kantone verteilt: nach ersten Erwähnungen (Osterfladen, 962 Kloster Klingenthal, Basel), nach Produktionsgebieten (Kartoffelschnaps), nach besonderen Aspekten (Cervelat zum Kanton Solothurn, weil der Wurstsalat im Bahnhofbuffet Olten dank zahlreicher Sitzungen von Verbänden, Parteien, Gewerkschaften, Vereinen einst im ganzen Land gelobt wurde) oder aus dem einfachen Grund, um den einen und anderen Kanton kulinarisch etwas aufzurüsten.

Das kulinarische Erbe ist ein laufender Prozess – es hört nie auf, es wächst und gedeiht. Unter www.regionalprodukte.ch lässt sich herausfinden, wie es sich in der Gegenwart bewährt und wozu es in gewissen Regionen die Produzenten inspiriert.

Alte Regionen, junger Kanton

Der Aargau ist ein merkwürdiger Kanton. Oft heisst es, er sei eine Art Schweiz in der Schweiz, weil er den durchschnittlichen Geist des Landes repräsentiere, zumindest der Deutschschweiz; dann wiederum zweifelt man an seiner «Echtheit», weil er mit gut 210 Jahren noch jung ist (2012), weil er als napoleonisches Konstrukt gilt, zusammengesetzt aus vier Teilgebieten, die alle eine lange, eigene Vergangenheit unter verschiedenen Herrschaften aufweisen, aber eben keine aargauische, denn als vollwertige politische Einheit innerhalb der Schweiz gibt es den Kanton erst seit 1803.

Seine Grenzen mögen jung sein, seine Siedlungsgebiete sind es nicht. Entstanden sind sie entlang der Wasserläufe, der Aare, der Reuss, der Limmat, die sich im Wasserschloss bei Brugg in der Aare vereinen, die als kräftiger Fluss den Jura zerschneidet und sich in den Rhein ergiesst. Der Aargau wächst jetzt dank der weit verbreiteten

Zersiedelung zu einer riesigen Stadt zusammen, seine Ursprünge sind jedoch ländlich – abgesehen von Baden, das dank seiner Heilquellen schon früh von Fremden besucht wurde und sich städtisch entwickelte, auch am Tisch. Abseits von Autobahn und Mittelland haben sich im Ketten- und Tafeljura des Aargaus freilich auch intakte Landschaften, hohe Naturwerte und traditionelle Dorfbilder erhalten.

Nach dem Ende des Römischen Reiches herrschte eine Art «Entwicklungspause», das bunte Leben der antiken Leitkultur war verschwunden, ein Ersatz lag in weiter Ferne. Der Aargau gehörte als hoheitlicher Fleckenteppich zum karolingischen Reich, es wurde hin und her erobert, fremde Herren traten auf und wieder ab, zumeist unfreiwillig, bis sich dann Bern den grössten Happen einverleibte, den Unteraargau oder Berner Aargau, der sich von Aarburg bis Brugg erstreckte. Er gehörte fast 400 Jahre lang, von 1415 bis 1798, dem Stand Bern. In diesem weitläufigen, von einer mächtigen Stadt dominierten Gebiet richtete sich das Leben nach den Regeln der Herrschaft. Klar, dass dieses Untertanengebiet kulinarisch von Bern geprägt wurde. Aus westlicher Richtung dürften auch die Rüebli und (Zucker-)Rüben den Aargau «besetzt» haben, die dem neuen Kanton mit den Jahren den Beinamen «Rüebliland» bescherten.

Ländlich war die Küche auch im Freiamt, das sich südlich von Lenzburg Richtung Alpenraum erstreckt. Während die Berner dem Unteraargau 1528 die Reformation aufdrückten, blieb das Freiamt katholisch. Der Speiseplan war bäuerlich und innerschweizerisch, bestimmt von Selbstversorgung, Klosterküchen und Fastengeboten. Aus dieser Region, wo Obstbau und Schweinezucht immer noch von Bedeutung sind, stammt der Eintopf *Schnitz und Drunder.*

Das Fricktal, lange österreichisch beherrscht, orientiert sich stark nach Basel. Ob die kaiserliche Hofküche am Rhein zwischen Kaiseraugst und Laufenburg Spuren hinterlassen hat, lässt sich nicht eindeutig feststellen. Die Fricktaler Schinkenpastete? Der Schinken hat keine exklusive Herkunft, die Römer bezogen ihn bereits von den Galliern. Gut möglich, dass Schinken das einzige kulinarische Erbstück ist, das im Aargau aus der Römerzeit geblieben ist – neben der Blutwurst, deren Zubereitung im Kochbuch des Römers Apicius festgehalten ist und die wohl auch in der Legionärskantine von Vindonissa verzehrt wurde. Von Bedeutung sind natürlich die Fische

SCHNITZ UND DRUNDER

APFELSPALTEN MIT KARTOFFELN UND SPECK

Die Zwiebel hacken. Mit dem fein gehackten Knoblauch in Butter dünsten. — Kartoffeln schälen, würfeln und beifügen. — Die Äpfel ungeschält vierteln und Kerngehäuse entfernen. — Den Speck in Portionen schneiden und beifügen. Gewürze, Bouillon und Wasser zugeben. Alles gut durchrühren und ½ Stunde leicht kochen, bis alles sämig ist.

Arbeitsaufwand: 30 Minuten
Kochzeit: 30 Minuten

Für 4 Personen
1 Zwiebel
1 Knoblauchzehe
1 EL Butter
6–7 grosse Kartoffeln
1 kg süsse Äpfel
750 g magerer Speck
1 Msp Nelkenpulver
1 Prise Bohnenkraut
1–2 dl Bouillon
1 Glas Wasser

aus dem Rhein, dann im Hinterland die Kirschbäume und am Ende der Kirsch. Dieser Klare wird im Fricktal schon lange gebrannt und gehört zu den Schnäpsen mit Renommee.

Baden konnte sich als Grafschaft mit einem zahlungskräftigen Bädertourismus lange zwischen Bern und Zürich behaupten, heute gehört die Stadt fast schon zur Agglomeration Zürich. Im Vergleich mit den andern drei Gebieten, die den Aargau bilden, wurde in Baden schon früh eine feinere Küche gepflegt – allerdings nur bei den Bessergestellten. In einer Bade- und Kongressstadt, wo die Tagsatzungen der alten Eidgenossenschaft abgehalten wurden, mussten die Restaurants und Hotels einem internationalen, verwöhnten Publikum etwas Besseres als eine rustikale Bauernküche vorsetzen, auch wenn die Delegationen oft mit ihrem eigenen Küchenpersonal anreisten. Von fremden Köchen konnte man auch lernen. Zu Badener Spezialitäten wurde Feingebäck, typisch für einen Ort mit Fremdenverkehr. Zum Beispiel das Spanischbrötli, ein Blätterteiggebäck, und das Badener Chräbeli, ein Kleingebäck mit Anis.

Die kulinarischen Landschaften des Aargaus bilden keine kompakte Einheit, das liegt an Unterschieden in Geografie, Topografie und Geschichte. Nur wenige Spezialitäten sind «typisch aargauisch» oder werden mit dem Aargau in Verbindung gebracht. Diese wenigen haben es dafür zu nationaler Bedeutung gebracht. Die Aargauer Rüeblitorte dürfte zu den bekanntesten Kuchen in der Schweiz gehören, und wer kennt nicht Rivella?

Salz

In der Nordwestschweiz wird seit mehr als 150 Jahren Salz aus dem Untergrund geholt. Die Schweizer Rheinsalinen befinden sich in Riburg (Aargau) und Schweizerhalle (Baselland).

Salz ist das ideale Produkt, um dieses Buch zu beginnen. Ins kulinarische Erbe der Schweiz gehört Natriumchlorid (NaCl), das wichtigste Mineral der Erde, gewiss nicht explizit – jedes Lebewesen braucht Salz. Als speziell schweizerisch kann man es also nicht klassieren. Aber es ist in den meisten Produkten des kulinarischen Erbes enthalten. Ohne Salz schmeckt jedes Essen fad. Salz konserviert, das hat zu wundervollen Produkten wie Schinken, Wurst und Käse geführt. Und Salz stabilisiert Stärke, deshalb enthält jeder Kuchen mindestens eine Prise Salz. Ausserdem war der Schritt der Schweiz vom Importeur zum Eigenversorger so bedeutungsvoll, dass den Rheinsalinen der Platz im Inventar absolut zusteht. Heute kann man Salz ohne besonderen Aufwand in gewaltigen Mengen produzieren, aber früher, vor der industriellen und technischen Revolution, dauerten die Herstellungsprozesse länger. Salz haben schon die Urmenschen gekannt. Trotzdem gab es während Jahrhunderten Regionen, die Salz produzierten, und andere, die Salz kauften. Offensichtlich deshalb, weil man nicht überall in der Lage war, Salzvorkommen zu finden und Salz in vernünftigem Rahmen zu gewinnen.

Die einfachste Methode sind die Salzgärten an den Meeresküsten, etwa in der Camargue oder auf der Ile de Ré, wo Meerwasser verdunstet wird. Als Binnenland grenzt die Schweiz nicht an ein Meer, deshalb gibt es hier keine Salzgärten. Aber ein Meer gibt es dennoch, nur liegt es im Untergrund, 100 Meter tief und mehr. Man musste zuerst einmal herausfinden, dass vor Jahrmillionen ein Meer die Schweiz bedeckt hatte, dass dieses Meer eingetrocknet war und Salz hinterlassen hatte – und wo und wie man am einfachsten dieses Salz gewinnen konnte. Bis es soweit war, musste man Salz kaufen. Wer Salz anbieten konnte – wie zum Beispiel der französische König –, besass damit ein politisches Machtmittel, das er in Form von Preisen und Steuern wirkungsvoll einsetzen konnte.

1821, zur Pionierzeit der Industrie, begann der Deutsche Carl Christian Friedrich Glenck (1779–1845) nach Hinweisen von Professor Peter Merian in der Nordwestschweiz systematisch nach Salz zu suchen. 1836, vier Jahre nach der Basler Kantonstrennung, stiess Glenck in 107 Metern Bohrtiefe beim Roten Haus in Muttenz auf Salz. 1841 entdeckte auch Johann Urban Kym aus Möhlin Salz, diesmal bei Kaiseraugst in 138 Metern Tiefe. Die Funde bedeuteten das Ende jahrhundertelanger Abhängigkeit von Salzimporten und für die beiden jungen Kantone Aargau und Basel-Landschaft eine wirtschaftliche Starthilfe; ausserdem waren die Salzvorkommen ein Grund, dass in Basel Chemieunternehmen entstanden. Anfänglich gab es vier Salinen, seit 1909 produziert ein einziges Unternehmen, die Schweizer Rheinsalinen AG, Salz für die Schweiz. Heute werden in Riburg (Aargau) und Schweizerhalle (Baselland) pro Jahr insgesamt gegen eine halbe Million Tonnen Salz produziert für Industrie, Gewerbe und Landwirtschaft, gegen vereiste Strassen, als Speisesalz (Jura Sel) und für ein paar Zwecke mehr. Meistens entscheidet das Wetter, ob die Jahresproduktion 500 000 Tonnen Salz übersteigt oder nur knapp die Hälfte erreicht. Im kalten Winter von 2005 auf 2006 wurden rund 300 000 Tonnen Salz auf die vereisten Strassen gestreut.

Das Salz der Rheinsalinen ist Kochsalz – im Gegensatz zu Meer- oder Steinsalz. Die Salinisten sprechen von drei Typen Salz, die sie nach der Gewinnungsmethode bezeichnen: Kochsalz, Steinsalz, Meersalz. Kochsalz bedeutet nicht zwingend Küchensalz, sondern heisst so, weil es bei der Gewinnung gekocht wird. Die Salzvorkommen der Rheinsalinen sind kompakte Schichten im Untergrund, bestehend aus der Trockenmasse von seichten, oft von Erhebungen umschlossenen Meeren, die vor 200 Millionen Jahren eine vollkommen andere Landschaft gebildet haben, als heute zu sehen ist. Wind und Hitze trockneten die Meere aus, zurück blieb Salz – nicht anders als in den Salzgärten an den Meeren. Um die Schichten in der Tiefe nutzen zu können, muss man sie wieder in ein Meer verwandeln: Man bohrt Löcher in die beinharten Salzlager und pumpt Wasser hinein. Das Salz löst sich im Wasser, es entsteht eine dickflüssige Sole, die durch Pipelines an die Oberfläche getrieben und in Verdampfungskesseln bei 140 Grad Celsius getrocknet wird. Anschliessend wird dieses Salz noch heiss zentrifugiert.

Auch Steinsalz war einmal Meerwasser. Die Verformung ganzer Bergmassive zerriss die Salzlager und zerschmetterte sie, es entstanden kleinere Depots, so genannte Salzadern. Dieses Salz wird trocken abgebaut, man hebt Stollen aus und bricht die Kristalle heraus.

Meersalz dürfte die älteste Salzgewinnungsmethode sein, man brauchte nur die Felsen an den Küsten abzuschaben – und immer noch die jüngste: Denn da wartet man nicht so lange, bis ein Meer ausgetrocknet ist, sondern beschleunigt den Vorgang mit einem System von rechteckigen Minimeeren, den Salzgärten, die nahe beim Meer und tiefer als der Wasserspiegel angelegt werden, damit bei Flut alle zwei Wochen bei Voll- und Neumond die Reservoirbecken neu aufgefüllt werden. Der Boden muss wasserdicht sein, das Wetter mitspielen. Es braucht Sonne und Wind, aber keinen Regen.

Meerwasser benötigt je nach Wetter etwa zwei Tage, bis es über das leichte, stufenähnliche Gefälle durchgelaufen ist. Die ersten Becken sind noch zehn Zentimeter tief, die Erntebecken bloss noch einen Zentimeter. Das Salz beginnt zu kristallisieren, wenn das Wasser um das Zehnfache reduziert worden ist. Anders ausgedrückt: Die Sättigung ist mit 320 Gramm Salz pro Liter Wasser erreicht, während normales Meerwasser 35 Gramm Salz pro Liter enthält.

Die Rheinsalinen gehören allen Kantonen ausser der Waadt (besitzt in Bex eine eigene Saline) sowie Liechtenstein. Der Salzpreis unterliegt kantonaler Hoheit. Der heutige Salzpreis basiert seit 1973 auf einem Konkordat.

Fleisch- und Wurstwaren

Aargauer Sonntagswurst

Die Aargauer Sonntagswurst ist eine Brühwurst mit gut sichtbaren Schinkenstückchen *(Abbildung Seite 20)*.

Punkto Identität sind Brot, Wurst und Käse kaum zu schlagen. Aber nicht jeder Kanton schafft es mit seinem «kantonalen» Produkt auf die gesamtschweizerische Karte. Basler Brot, Emmentaler Käse oder Waadtländer Saucisson – das kennen sogar eingefleischte McDonald's-

Kunden. Auch Appenzeller Käse, Tessiner Brot oder St. Galler Kalbsbratwurst. Doch die Aargauer Sonntagswurst? Sie dürfte den meisten Nichtaargauern unbekannt sein. Vermutlich deshalb, weil sie noch jung ist, weil es 1965, als sie «erfunden» wurde, bereits ein vielfältiges Angebot an Charcuterie gab. Auch Würste brauchen Zeit, um sich durchzusetzen.

1965 feierte Hermann Hunziker in Hausen bei Brugg das zehnjährige Bestehen seiner Metzgerei und kreierte dafür eine Jubiläumswurst: Die Grundmasse aus Lyonerbrät (fein geblitztes Kalb- und Schweinefleisch) vermischt man mit kleinen Schinkenstücken, die am Vorabend aus Schweinestotzen zubereitet werden (Schinken ist ein Konservierungsprodukt durch Nasspökeln, und die Kochsalzlösung braucht Zeit, um ins Fleisch einzudringen). Die fertige Wurstmasse stösst man in Kunstdärme, lässt dann die Würste bei 72 Grad 50 Minuten lang sieden und nachher in kaltem Wasser abkühlen.

Die Aargauer Sonntagswurst hat eine gerade Form mit einem Durchmesser von rund fünf Zentimetern, wiegt gegen 250 Gramm und schmeckt mild. Man isst sie meistens kalt, auch als Wurstsalat, oder man schneidet eine etwa einen Zentimeter dicke Scheibe ab und brät sie auf beiden Seiten kurz und heftig an.

Hunzikers Jubiläumwurst gefiel den Kunden; sie beeindruckte aber auch Kollegen, die das Rezept übernahmen und die Wurst in ihren Betrieben anboten. Der kantonale Metzgerverband adelte sie mit dem Namen Aargauer Sonntagswurst.

In den 1960er-Jahren war Charcuterie noch etwas Neues und Besonderes, die entbehrungsreichen Kriegs- und Nachkriegsjahre waren noch nicht aus dem Gedächtnis verschwunden, die Hochkonjunktur hatte noch nicht voll eingeschlagen. Mit den Jahren wuchs das Angebot an Wurstwaren, Produkte aus den Herkunftsländern von Gastarbeitern gelangten in die Auslagen, *Salame, Prosciutto, Mortadella, Chorizo* – heimisches Schaffen geriet zum Teil zumindest ins Hintertreffen, man orientierte sich nach dem Süden und lernte mediterran zu essen und nach *la dolce vita* zu streben. Die Aargauer Sonntagswurst verlor an Terrain. Heute findet man sie eher in ländlichem Umfeld als in städtischem.

— *Siehe auch: Hallauer Schinkenwurst (Band 3).*

Blutwurst

Saisonale, dickliche Wurst mit einer Masse aus gewürztem und gekochtem Schweineblut, manchmal auch gemischt mit Rinderblut. *(Abbildung Seite 20.)*

Von allen körperlichen Komponenten des Tiers bringt keine das Blut so in Wallung wie der Verzehr desselben. Den einen gilt der Verzicht als Tabu, an dem es nichts zu rütteln gibt, andere frönen mit ungezähmter Lust dem Genuss von frischem oder gekochtem Blut. Das Trinken von Blut war ein frühes Ritual, damit nährten Krieger ihren Körper, stärkten aber auch die Seele, indem sie sich die Kraft erschlagener Feinde oder erlegter Tiere einverleibten. Ob die Blutwurst auf diese archaische Bühne zurückzuführen ist, bleibt ein Thema völkerkundlicher Forschung. Nomaden wie Berbern, Massai und Mongolen dient Blut heute noch als allzeit frischer und erneuerbarer Reiseproviant, sie brauchen bloss eines ihrer Tiere anzuzapfen und schon sprudelt der Lebenssaft. Diese Völker haben früh Methoden entwickelt, Blut mit Salz zu konservieren.

Das Konsumieren von gewürztem und gekochtem Blut hat mehr mit Wirtschaftlichkeit und Feinschmeckerei zu tun als mit Heldentum und Aberglaube. Im alten Ägypten kochte man aus dem Blut geopferter Rinder eine Art Pudding. In seinem *Oxford Companion to Food,* (1999) nennt Alan Davidson als früheste Erwähnung der Blutwurst eine Stelle aus Homers Odyssee, wo ein Magen erwähnt wird, den man mit Blut und Fett füllt und über dem Feuer röstet. Der Römer Apicius, so Davidson, nehme in seiner Rezeptsammlung statt des Magens die Därme als Hülle und biete dazu ein opulentes Rezept «ohne Getreide, aber mit gehackten harten Eiern, Pinienkernen, Zwiebeln und Lauch». Dass auch die Legionäre im Heerlager zu Vindonissa diese Blutwurst gegessen haben, dürfte wohl auf der Hand liegen. In Grossbritannien vermischte man für *black pudding* das Schweineblut gerne mit Getreide. In Frankreich werden zahlreiche regionale Variationen gepflegt; in Mortagne-au-Perche in der Normandie huldigen die Menschen dem *boudin noir* Jahr für Jahr mit einem Blutwurst-Festival inklusive Wettbewerb.

Aargauer Sonntagswurst *(Seite 17)*, Rivella *(Seite 45)*, Salz *(Seite 15)*, Blutwurst *(Seite 19)*, Leberwurst *(Seite 24)*

Prämierungen auf die gemütliche Art nimmt in der Schweiz der «Verein zur Förderung des Ansehens der Blut- und Leberwurst» (www.vbl.ch) vor, der ganze Metzgeten bewertet. Allein schon das Blättern durch den Restaurantführer des VBL zeigt, dass die Metzgete mit ihren Blut- und Leberwürsten als *pièces de résistance* fast in der ganzen (Deutsch-)Schweiz geschätzt wird.

Bei keiner andern Wurst hält man sich so streng an die Saison, sogar die Metzger bieten ihre Blutwürste nicht vor Ende September an. Das hat einmal mit der Wucht des Gelages zu tun, das man sich im Hochsommer auch beim schlimmsten Hunger nicht zumuten mag, und dann natürlich mit der Tradition, denn Schweine wurden einst nur im Spätherbst und im Winter geschlachtet – eben dann, wenn sie reif waren. Beim gigantischen Verbrauch an Schweinefleisch zu Beginn des 21. Jahrhunderts könnte man während des ganzen Jahres Blutwürste produzieren, doch merkwürdigerweise gehören Blut- und Leberwürste zu den letzten wirklichen Vertretern einer traditionellen Saisonküche, nicht wie Osterhasen und Grittibänzen, die schon Wochen vor «ihrem» Ereignistag angeboten werden.

Doch was geschieht mit dem Blut ausserhalb der Metzgete-Saison? Das Blut, dieses Symbol des Lebens, läuft dann einfach via Ausguss in die Kläranlage.

Das Hausschwein gilt als eines der ersten Haustiere des Menschen, nach dem Hund zusammen mit Rind, Schaf und Ziege. Die Urform der heutigen Schweinerassen – in der Schweiz vorwiegend das Edelschwein mit aufgestellten und das veredelte Landschwein mit schlappen Ohren – ist das Wildschwein. Seine Domestizierung begann vor gut 10 500 Jahren, unabhängig voneinander in verschiedenen Regionen der Welt: eben dort, wo Wildschweine lebten. DNA-Untersuchungen erweitern laufend den Horizont der Spurensuche.

In der Schweiz war professionelle Schweinezucht vor dem 18. Jahrhundert nicht verbreitet. Schweine lebten während Jahrhunderten in geringer Stückzahl bei ihren Besitzerfamilien auf hofnaher Wild- und Waldbahn; auch in den Städten wurden Schweine gehalten, der Schweinehirt führte sie tagsüber in die Umgebung zur Verpflegung. Sie frassen, was sie finden konnten; doch mit dem Beginn der Vegetationspause wurden sie zu Konkurrenten, denn ihre Speisevorlieben unterscheiden sich kaum von den kulinarischen

Gewohnheiten der Halter. Die konnten sich aber diesen Luxus nicht leisten, Turbolandwirtschaft gab es noch nicht.

Dem freien Schweineleben wurde ein Ende gesetzt, wenn sich der Winter ankündigte. Die kalte Jahreszeit bot einen wertvollen Vorteil gegenüber der warmen: Die tiefen Temperaturen halten den Zerfall des Fleisches eine Zeitlang in Schach. Die Verwertung des Schweins begann am Tag der Schlachtung, das Blut wurde aufgefangen, verwurstet und rasch verzehrt; Innereien zerteilt, gewürzt, vermischt, in Därme gefüllt und abgeclippt; die happigen Stück gesalzen, geräuchert oder kurzfristig gelagert. In fast allen Landesteilen sind festliche Tafeln mit dem Schwein als Mittelpunkt verbreitet und beliebt; in der Deutschschweiz die Metzgete, im Jura *La Saint-Martin,* das Martinsfest, ein Mahl in acht Gängen. Man bewirtete und verabschiedete vor dem Winter das Gesinde, man liess Honoratioren wie Pfarrer und Lehrer teilhaben, Leute mit viel Bedeutung und wenig Geld. Das goldene Zeitalter der Bauernmetzgete herrschte im 19. und in der ersten Hälfte des 20. Jahrhunderts. Nach dem Zweiten Weltkrieg kam die Beizenmetzgete in grossem Stil auf, im Zug der Professionalisierung und Industrialisierung der Nahrungsmittelproduktion.

Klassische Schweineschlachtereien auf den Bauernhöfen gibt es heute fast keine mehr, die Tradition ist verschlungen worden von einem Berg an Vorschriften. Nun stellen Metzger die Würste her, jeder nach seiner Façon, aber nach dem gleichen Grundprinzip. Man betäubt das Schwein, hängt es auf und durchtrennt die Halsschlagader. Das Blut wird aufgefangen und gerührt, damit es nicht gerinnt; dabei wird Fibrin isoliert und entfernt, der «Klebstoff» der plasmatischen Blutgerinnung. Das Blut wird mit blanchierten Zwiebeln und Schmer (ausgelassenes Bauchfett), mit Milch, Rahm oder beidem vermischt, dann aromatisiert.

Puristen beschränken sich auf Salz und Pfeffer, andere lassen Phantasie und Lust freien Lauf: Beste Voraussetzungen für zahlreiche Variationen mit Gewürzen und Zutaten, deren Zusammensetzung und Menge Geheimnisse der jeweiligen Metzger bleiben. Im Jura gehört Lauch in die Masse, Salz und Pfeffer; der Gewährsmetzger dort braucht für seinen *boudin* weiter Muskat, Nelken und Koriander, Zimt, Salbei und Majoran. Im Rheintal kommen Speckwürfel in die

Blutwurst, im Bernbiet und in der angrenzenden Romandie manchmal getrocknete Weinbeeren; im Wallis gehören mancherorts Kartoffeln in die Wurst, Kohl oder gekochte Äpfel; die letzte Variante kennt man auch in Samnaun und in Zweisimmen. Eine besondere Spezialität ist *chantzet,* eine Blutwurst aus dem Pays d'Enhaut in der Waadt.

Eine archaische Version, die an den Pudding im alten Ägypten erinnert, ist eine Blutwurst ohne Hülle, stammt aus dem Tessin und heisst *Pappa di sangue,* Blutbrei: In einen halben Liter Schweineblut gibt man zwei Zimtstangen, einen Tag lang ziehen lassen, dann Zimt entfernen und einen halben Liter Rahm einrühren; in einer Bratpfanne 30 Gramm Butter mit 20 Gramm Weissmehl vermengen, rösten und dann vorsichtig, *a poco a poco,* das Blut-Rahm-Gemisch einrühren; wenn der Brei schön durchgekocht ist, Pfanne vom Feuer nehmen, 20 Gramm Zucker in die Masse einmengen, etwas Vanillezucker darüberstreuen und servieren.

Beim ganzen Reichtum an Würsten und Varianten sollte man nicht vergessen, was neben sauberer Arbeit das Entscheidende an einer gelungenen Blutwurst ist. Joseph Favre, Walliser Koch in Pariser Diensten, hat es in seinem *Dictionnaire universel de cuisine pratique* (1894) beschrieben: *«Tel aliment tel chyme, tel chyme tel sang, tel sang telle santé»,* wie die Nahrung, so der Magenbrei, wie der Magenbrei, so das Blut, wie das Blut, so die Gesundheit – und, bleibt anzufügen, wie die Gesundheit, so die Blutwurst.

— *Siehe auch: Boudin (Band 5).*

Leberwurst

Saisonale Wurst aus grob gescheffeltem Sigel- und Kopffleisch von Schwein und Rind sowie Schweineleber. Vor allem in der Deutschschweiz verbreitet *(Abbildung Seite 20).*

Zusammen mit der Blutwurst bildet die Leberwurst ein Traumpaar, das wie kein anderes vergleichbares Wurstprodukt in der ganzen Deutschschweiz gegessen wird, und zwar nur zur Saison im Spätherbst und Winter. Blut- und Leberwürste stehen nicht während des ganzen Jahres zur Verfügung wie Erdbeeren. Blut- und Leberwürste sind die Signatur jeder Metzgete, wenn sie nicht schmecken, bleibt die Schlachtpalette nur halbgar in Erinnerung. Sie sind die beliebtesten Relikte aus Zeiten, als allein der Jahresverlauf den Speiseplan bestimmte. Diese Saisongebundenheit hat sich bis heute gehalten. «Eine Metzgete zur Aprikosenzeit ist einfach absurd», hat eine gestandene Wirtin erklärt. «Für so ein üppiges Mahl muss es kalt sein. November, Dezember, Januar, das sind die richtigen Blut-und-Leberwurst-Monate.»

Die grauweisse Leberwurst ist eine Kochwurst aus grob gescheffeltem Sigel- und Kopffleisch von Schwein und Rind sowie Schweineleber, vermischt mit Zwiebelschwitze und einer Gewürzkombination. Man soll sich vom Namen nicht täuschen lassen, die Wurst enthält nicht mehr als 15 Prozent Schweineleber *(Schweizerisches Lehrbuch für Metzgerinnen und Metzger).* Höher sind die Anteile von Schweine- und Rindkopffleisch sowie Sigelfleisch, also Herz, Lunge und Zwerchfell. Die Leber mit ihrem unverwechselbaren Aroma bestimmt dennoch den Charakter der Leberwurst. Wäre der Leberanteil zu hoch, würde die Wurst bitter schmecken. Am Ende entscheidet eine gefühlvolle Würzmischung über die Qualität der Wurst und natürlich die ewige Frage, ob mit oder ohne Rosinen (ohne!, postuliert vehement der Autor).

In der Romandie kennt man *Boudin blanc* oder *Saucisse grise,* allgemein sind Leberwürste dort aber weniger verbreitet im Gegensatz zur Blutwurst, die auch in der Westschweiz sehr beliebt ist. Beim grossen Schweinemahl *La Saint-Martin* im Jura werden Leber und weitere Leberwurst-Bestandteile zu *Atriaux* verarbeitet, die wie Frikadellen aussehen und sehr lecker schmecken. Im Tessin ist die Leberwurst praktisch unbekannt, dort wird die Leber in der *Mortadella di fegato* mitverwurstet.

Leber- und Blutwurst entstammen der Hausmetzgete, die in ländlichen Regionen bis weit ins 20. Jahrhundert hinein verbreitet war. An diesen Hausmetzgeten in der kalten Jahreszeit sollten möglichst alle Teile des Schweins verwertet werden, vom *Schwänzli* bis zum *Schnörrli.* Da Leber und Blut rasch verderben, wurden sie so schnell wie möglich verarbeitet. Nicht selten genoss man Leber- und Blutwürste, noch bevor das Schwein ganz zerlegt war, quasi als Znüni.

Eine sehr frühe schriftliche Erwähnung findet sich in Peter Bührers Buch *Schweizer Spezialitäten* (1991). Darin wird eine Küchenordnung aus dem Jahre 1480 zitiert, die ein St. Galler Abt für einen Hof aufgestellt hatte. «*Leber- und Blutwürsste vom Schwein*» sind darin als Teil des Mittagsmenüs vermerkt. Ein Jahrhundert später gibt ein Kochbuch aus dem Wallis (ediert 2001 in *Gebts uber tisch warm für gest* von Albert Hauser und Sara Galle) ein detailliertes Leberwurst-Rezept wieder: «*Nembt ein leber. Hackt sey klein (...). Nembt 4 oder 5 aier. (...) Schlacht sey an die leber. Nembt in wenig siesen milchraum auch darunder. Gewirzt mit imber (Ingwer), phefer (Pfeffer) (...), musgatnuss und auch ein wenig weinber. (...). Riert alles undereinanderen. Nembt ein guets kalbsnetz. (...). Thut die gehackt leber darein. Macht es nit zue foll. Legt es in ein durtenpfendell (Tortenpfanne). Thuet ein schmaltz darein (...). Lasse als ein stundt bachen. (...) Sey seindt gueth.*»

Heute schlachten fast nur noch Berufsmetzger die Schweine, früher klapperten Störmetzger die Bauernhöfe ab. Das waren meistens Landwirte oder ausgebildete Metzger, die im Winter mit der Schlachterei auf Bauernhöfen einen Zusatzverdienst anstrebten.

Bei den Profis gilt meistens der Montag als Schlachttag. «Morgens um halb fünf schlachten wir Schweine, und um zehn Uhr stehen die frischen Leber- und Blutwürste bereits im Laden zum Verkauf bereit», erzählt der Referenz-Metzger. Angefangen wird am Vorabend: Zwiebeln schälen und hacken, Gewürze wägen, Geräte platzieren. Auch das Schlachten des Schweins fordert seine Vorbereitung. Nachdem das Schwein betäubt und gestochen und das Blut aufgefangen worden ist, wird das Tier in eine Brühkratzmaschine gelegt. Dort wird das Schwein in 60 Grad warmem Wasser maschinell entborstet; restliche Borsten löst der Metzger mit einem Bunsenbrenner in Rauch auf. Nun zerlegt er das Schwein. Den Kopf trennt er zuerst ab, dann schneidet er den Bauch auf und weidet das Tier aus. Dabei entfernt er das Fettgewebe zwischen Bauchfell und innerer Bauchmuskulatur, Schmer genannt, das man ausschmilzt, um die vorbereiteten Zwiebeln darin zu dünsten.

Kopffleisch und Innereien werden in grossen Kesseln rund zweieinhalb Stunden mässig gekocht. Nach einer Stunde wird auch ein wenig Kohl beigegeben. Die in Stücke geschnittene Leber dagegen, von der die Gallenkanäle entfernt wurden, wird nur kurz abgebrüht.

Sowohl das eingekochte Kopf- und Sigelfleisch wie auch die abgebrühte Leber kontrolliert der Metzger auf allfällige Knochensplitter und scheffelt sie noch heiss und dampfend durch eine Fünf-Millimeter-Scheibe. Die zuvor im Schmer gedünsteten Zwiebeln (roh: Gärgefahr), die Gewürze und die entstandene Fleischbrühe werden von Hand mit einer Kelle unter das gescheffelte Fleisch gemischt. Jeder Metzger vertraut seiner eigenen Gewürzmischung, etwa aus Salz, Pfeffer, Muskat, Majoran, Koriander, Zimt.

Sind die einzelnen Bestandteile gut vermischt, wird die Masse in Rindskranzdärme gestossen, die im Normalfall ein Kaliber von 42/44 Millimeter aufweisen. Satte 300 bis 400 Gramm wiegt eine solche Leberwurst. Immer häufiger gibt es sie aber auch in kleineren Grössen. Während 15 bis 20 Minuten werden die Leberwürste dann in circa 80 Grad heissem Wasser pochiert, um den Darm einzuweichen; die Leberstücke sowie das Kopf- und Sigelfleisch sind ja bereits gekocht. Abschliessend lässt man die gut gestopften Würste in einem Wasserbad erkalten.

Ein Blick in die unzähligen Leberwurst-Rezepte in den Kochbüchern der letzten drei Jahrhunderte macht schnell deutlich: Die Leberwurst schlechthin gibt es nicht, vielmehr eine Vielzahl an Variationen. So erweitern besonders ältere Rezepte die Palette der Innereien um Niere und Milz. Im *Lindauer Kochbuch* (1904) wird die Beigabe von Füssen empfohlen. Weitere Zutaten, die gleich mehrmals genannt werden, sind in Milch eingelegte Semmeln oder Rahm. Kohl und Rosinen tauchen nicht überall auf. Die Metzgereien stehen dem Variantenreichtum, der sich in den Kochbüchern offenbart, in nichts nach.

Leberwürste sollten innerhalb von drei, vier Tagen gegessen werden. Traditionell lässt man die Leberwurst zusammen mit der Blutwurst in heissem, aber nicht siedendem Wasser 20 bis 30 Minuten lang ziehen. Anschliessend serviert man sie zu Salzkartoffeln und Sauerkraut oder zu Gschwellti und Apfelschnitzen (Emmental) oder zusammen mit eingekochten Lederäpfeln (Aargau, Baselland). Man schneidet die Leberwurst in der Mitte auf und drückt den Inhalt mit der Gabel aus dem Darm auf den Teller. Immer häufiger wird in den Restaurants die Metzgete in Gängen serviert und weniger in ihrer ganze Fülle auf Schlachtplatten.

Einige Leute mögen die Leberwurst am liebsten, wenn sie nach dem Kochen noch in einer Bratpfanne angebraten wird. Andere schneiden jeweils eine Leber- und eine Blutwurst auf, verrühren die beiden Wurstmassen untereinander und bräteln diese Mischung kurz in einer Bratpfanne. Sollte deswegen ein Metzger die «beleidigte Leberwurst» spielen, kann man es ihm kaum verdenken, hat er sich doch alle Mühe gegeben, jeder Wurst ihr typisches Aroma zu verleihen und seine Handschrift zu verpassen.

Als beleidigte Leberwurst gilt, wer aus eher lässlichem Grund den Betupften mimt. Der Ursprung der Wendung fusst wohl in der antiken Vorstellung, in der Leber sitze das Zentrum der Gefühle. Die Lage im Körper, die ungewöhnliche Grösse im Vergleich zu anderen Organen, die variable Form, die Essbarkeit und nicht zuletzt das Geheimnis um die Funktion der Leber trugen «dazu bei, in ihr Naturkräfte und dämonisches Leben zu vermuten», so das *Handwörterbuch des deutschen Aberglaubens,* (1942, 1986). Erst später entstand die hübsche Geschichte von der Leberwurst, die vor lauter Wut platzt, weil die Blutwurst vor ihr aus dem Kessel gehoben wird.

— *Siehe auch: Atriaux (Band 2), Mortadella di fegato (Band 4).*

Wurstweggen

Der Wurstweggen ist ein längliches Blätterteiggebäck mit zwei offenen Enden, das mit Fleischbrät gefüllt ist.

Dieses Gebäck wurde einst in variablen Grössen zu Feiern und Festen aufgetragen – quasi als eine Variante des *Pâté en croûte –,* heute freilich geniesst man den Wurstweggen zwischendurch als Snack oder als kleine Mahlzeit, zusammen mit Salat: Die Kombination mit *Chöpflisalat* (Kopfsalat) wird schon im *Idiotikon* erwähnt (1863). Den Wurstweggen kann man fast als nationale Spezialität bezeichnen: In der Deutschschweiz findet man ihn in jeder Bäckerei, in der Romandie konkurriert er mit *Rissole à la viande,* einem pastetenförmigen Gebäck mit rundem Boden, und im Tessin sucht man ihn meistens vergeblich.

In seiner Gesamterscheinung könnte man den Wurstweggen durchaus als ein wurstähnliches Gebilde betrachten, doch mit Einschränkungen: Ohne Blätterteigmantel würde die Brätmasse in den Fingern zerfallen (es sei denn, man hat sie mit Agar-Agar zur Gummiwurst verdichtet). In diesem Sinne ist der Weggen das Wickelmaterial – immerhin sind es am Ende 256 hauchdünne Teigschichten, komprimiert in vier Touren.

Man kann sich fragen, warum der Weggen keine richtige Wurst enthält, wenn er schon so heisst. Dann wäre er kein Weggen mehr, sondern ein Wienerli im Schlafrock. Oder eine (Kalbs-)Bratwurst im Teig.

In der Schweiz kennt man das Wort «Wurstweggen» offiziell seit 1863, dem Jahr, auf das die schriftliche Quelle im *Idiotikon* zurückgeht. Wer den Wurstweggen erfunden hat, ist nicht bekannt. Das «Prinzip Weggen» liegt so einleuchtend auf der Hand, dass es wie das «Prinzip Pizza» überall hätte erfunden werden können: Der Teigfladen diente als Teller und ist zur Vorlage des gediegenen Porzellans geworden, der Weggen bot sich als essbare Serviette an und wurde ein Pionier des Stehlunchs.

Im Grunde gehört der Wurstweggen zur Familie der Krapfen. Da führt der Weg des Ursprungs weiter zurück, ins Mittelalter, in die Antike, zu den Chinesen und Indern. Der Krapfen ist ein Gebäck mit Füllung: Obstkrapfen, Gemüsekrapfen, Zigerkrapfen, Samosa, Fleischkrapfen – Hauptsache: gefüllt und eingepackt, gebacken oder frittiert. Doch im Gegensatz zum Krapfen, der von unterschiedlicher Form wie Kugel, Dreieck oder Rechteck sein kann und die Füllung vollständig umhüllt, bleiben beim gestreckten Wurstweggen die Enden frei. Er ist eine Art Rohrkrapfen, eine gefüllte Pipeline in Abschnitten.

Einst hat man Essensreste entweder im Suppentopf weiterverarbeitet, Hund und Katze verfüttert oder zu einer homogenen Masse verarbeitet und diese in normalen Brotteig eingepackt, später in verfeinerte Varianten. Heute enthalten die Weggen eine Masse aus fein gehacktem Fleisch (meistens Schwein, aber auch Rind, Kalb und Geflügel sind möglich; nach Gusto mit Speck), Brät, Zwiebeln, Knoblauch, Pfeffer, Salz, Muskatnuss, Kräutern, einem Schluck Wein oder Bouillon – wie bei Hackbraten, Hacktätschli oder Frikadellen sind die Rezepte sehr individuell und somit unendlich reich an Varianten. Wer zuerst Wurstweggen gebacken hat, dürfte der Bäcker gewesen sein, denn er verfügte über einen Ofen. In Schloss- und Klosterküchen gab es den zwar auch, doch nicht beim Metzger. Erst gegen Ende der 1960er-Jahre begannen die Metzger, selber Pasteten und Weggen zu backen.

— *Siehe auch: Zigerkrapfen, Seite 99.*

Zofinger Kinderfestweggen

Variante zum Wurstweggen: Der Zofinger Kinderfestweggen ist identisch mit einem Wurstweggen und gehört mit der Zofinger Kinderfesttorte zum kulinarischen Repertoire des jährlichen Festes am ersten Freitag im Juli.

Die früheste Erwähnung des Kinderfestes stammt aus dem Jahr 1809, das erste Fest fand 1810 statt als Belohnung für fleissige Schulkinder. Anfänglich gab es geschlechtsspezifische Menüs, wie ein Bericht von 1825 überliefert:

«Die Knaben erhielten Bratis und Salat, zweyerley Sorten Küchli, Biren und Zwetschgen so wie auch Tarteren, Wein und schönes SimmelBrodt. Die Mädchen Thee mit Milch, Küchli, Tarteren, Obst und Brodt wie die Knaben.» Der Wurstweggen steht seit 1940 als Mittagsmahl fest. An diesem Tag isst ganz Zofingen Wurstweggen. Ein befragter Bäcker produziert für den Kinderfesttag rund 4000 Wurst- und 900 Gemüseweggen; an einem normalen Tag verkauft er im Laden 30 bis 50 Wurstweggen.

Lokalkolorit: Gemeindeammänner und -schreiber des Bezirks Lenzburg treffen sich seit 1948 jährlich zur Chlausmärt-Zusammenkunft in der Burghalde, einem repräsentativen Gebäude in Lenzburg. Sie stärken sich mit Wurstweggen und Goffersberger Wein. Der Weinberg ist der steilste im Kanton Aargau und gehört zur JVA Lenzburg (Justizvollzugsanstalt, einst Zuchthaus geheissen). Die Weine werden im Forschungsinstitut für biologischen Landbau in Frick (FIBL) gekeltert.

Küttiger Rüebli

Das Küttiger Rüebli ist eine alte Sorte, die vor allem in der Gemeinde Küttigen bei Aarau gepflegt wird. Seine Farbe ist weiss, die Form stämmig-konisch und der Geschmack eher erdig als süsslich.

Die Sprache sorgt für Verwirrung, denn was der Deutschschweizer Rüebli nennt, heisst im Hochdeutschen Karotte oder Möhre. Karotte und Rübe sind zwei verschiedene Gemüse, *Daucus carota* und *Brassica rapa* – auch im Schweizerdeutschen, obschon sie einfach als Rüebli und Rübe oder Räbe unterschieden werden. Wurzelgemüse sind beide, doch die Räbe alias Zuckerrübe oder Runkelrübe wird dem Vieh verfüttert, wenn man sie nicht zur Herstellung von Zucker braucht oder als Räbeliechtli ausschnitzt, während das Rüebli als Rohkost im Salat *gsundi Büebli* produziert, als glacierte Carottes Vichy brilliert und der Rüeblitorte Geschmack und Namen verleiht.

Aber wo steht hier das Küttiger Rüebli? Ziemlich in der Mitte, denn es eignet sich nicht als «Süssmittel», weder im Kuchen noch als Würfelzucker, und in der Futterkrüpfe hat es erst recht nichts verloren, weil es eine Exklusivität geworden ist. Warum von mehr als 500 Sorten weltweit ausgerechnet das Küttiger Rüebli in der Schweiz einen besonderen Status erhalten hat (und nicht etwa die wundervolle *Jaune longue du Doubs*), verdankt es den Küttiger Bäuerinnen, die es vor dem Aussterben gerettet haben und seit Ende der 1970er-Jahre durch strenge Selektion erhalten und pflegen.

In der Küche verwendet man das Küttiger Rüebli selten roh, da schmecken die orangefarbenen Karotten besser. Die erdigen Nuancen des weissen Küttiger Rüeblis bereichern das Aromabouquet im Bratentopf, auch verkocht es dank robuster Konsistenz nicht so schnell wie andere Sorten. Oft wird es zur Konservierung sauer eingemacht und während der Metzgetezeit an weisser Sauce zu Blut- und Leberwürsten oder mit Apfelschnitzen serviert. In Würfel oder Stängel geschnitten und dann geschwellt, wurden einst die Rüebli getrocknet, und man streckte mit ihnen Kartoffelgerichte. Heute ist es umgekehrt, das Rüebli steht im Mittelpunkt. Zum Beispiel in einem Eintopf. Man dämpft frische, in mundgerechte Stücke geschnittene

Küttiger Rüebli mit gehackten Zwiebeln, brät grünen Speck mit, gibt Knoblauch dazu, löscht mit Wasser oder Weisswein ab, gibt Kartoffeln in den Topf, würzt mit Salz und Pfeffer und lässt das Ganze in Ruhe schmoren.

Sauerrüben

Gehobelte Späne von weissen Rüben, *Brassica rapa,* die wie Sauerkraut vergoren werden.

Sauerrüben sind die fast vergessenen Verwandten von Sauerkraut, das man nahezu in der ganzen Schweiz konsumiert im Gegensatz zu den Sauerrüben, die im Aargau und im Zürcher Oberland ihre letzten Bastionen haben. Der Trick an der Geschichte ist, dass sich Kraut und Rüben im eigenen Saft konservieren lassen. Man schält die weissen Rüben oder Räben, hobelt Späne oder raffelt Lamellen; für Sauerkraut zerschneidet man die Kabisblätter einfach in feine Streifen. In einem Steingutbehälter legt man eine Schicht zerkleinerter Rüben aus, streut etwas Salz darüber und füllt den Topf Lage um Lage mit Rübenspänen und stets etwas Salz. Dann bedeckt man den Inhalt mit einer Gaze oder einem Tuch, damit der Druck der entstehenden Gase nicht unter dem Deckel gehalten wird, beschwert den Inhalt mit einem Stein und füllt den Topf mit Wasser auf, bis die Rüben zugedeckt sind; sie müssen stets mit Flüssigkeit zugedeckt bleiben. Fünf bis sechs Wochen arbeiten lassen. Das Salz zieht den zuckrigen Saft aus den Rüben, der Zucker reagiert mit der natürlichen Hefe spontan und setzt eine Gärung in Gang, die am Ende Säure produziert.

Fermentation als Konservierungstechnik wurde in verschiedenen Gebieten der Deutschschweiz und der Romandie bereits im Mittelalter praktiziert. Ob Sauerkraut oder Sauerrübe: Die Verwandtschaft ist offensichtlich, nicht nur botanisch innerhalb der Brassica-Familie, auch punkto Konservierung. In seinem Kräuterbuch (1539) schrieb der Elsässer Hieronymus Bock «*... andere saltzen di Rüben ein wie den Kumpost ...*». *Kumpost* meint Sauerkraut, das im 13. Jahrhundert

im Elsass als *Gumbskrut* auftauchte, kombiniert aus dem lateinischen Wort *composita,* woraus *compote* entstanden ist, und dem germanischen *krut,* Kraut. Die Begriffe *gumpost* und *krut* sind laut *Schweizerischem Idiotikon* in der Deutschschweiz seit etwa 1300 bestätigt.
— *Siehe auch: Sauerkraut (Band 2).*

Aargauer Rüeblitorte

Die Aargauer Rüeblitorte ist ein kompakter Kuchen aus geraffelten Rüebli, vermischt mit Mehl, Eiern sowie gemahlenen Mandeln oder Haselnüssen und Gewürzen, dekoriert mit Glasur und Marzipanrüebli *(Abbildung Seite 40).*

Die Rüeblitorte sorgt immer wieder für Verblüffung. Wie kommt man auf die Idee, Gemüse in einen süssen Kuchen zu packen? Bei mancher Frucht gibt es zwar regelmässig Diskussionen, in welches Rayon sie gehöre, zum Gemüse oder zum Obst; ein schönes Beispiel ist die Tomate, auch Liebesapfel genannt oder Goldapfel *(pomodoro).* Aber das gemeine Rüebli (Karotte, Möhre)? Gekocht und glaciert, roh geraffelt als Salat oder zusammen mit Zwiebel, Sellerie und Knoblauch ein wichtiger Aromageber im Bratentopf, das passt – aber Kuchen? Den backt man seit dem Mittelalter, als Süssungsmittel knapp und teuer waren. Die Menschen pflanzten ihren eigenen Zucker in Form von Karotten, denn Karotten enthalten mehr Zucker als jedes andere Gemüse, ausser Randen.

Karotten «brillieren in einer Disziplin, wo man sie kaum vermuten würde», schreibt Waverley Root in seinem *Mundbuch* (1994), nämlich «bei den Desserts. Süssspeisen aus Karotten finden wir bei Völkern, die wenig Verbindung untereinander aufweisen: bei den Iren, die Karotten poetisch als ‹Honig der Erde› bezeichnen, den Hindus, die *gajar halva* aus Karotten mit Blattsilber verzieren, bei den Juden, die *zimmes,* einen Eintopf, der hauptsächlich aus Karotten besteht, mit Honig süssen, und bei den Schweizern und Österreichern, die einen Kuchen aus Karotten fertigen».

Während des Zweiten Weltkriegs, als Nahrungsmittel rationiert waren, forderte die Regierung Grossbritanniens die Bevölkerung auf, *Carrot Cake* und *Carrot Christmas Pudding* zu backen, um Zucker zu sparen, und liess die entsprechenden Rezepte verteilen. In modernen Zeiten wachsenden Fitnessdrills wurde die Rüeblitorte richtig Mode, weil sie als gesund gilt – solange Nüsse, Zuckerguss und Marzipanrüebli nicht überwiegen.

Wann die erste Rüeblitorte im Aargau gebacken worden ist, lässt sich nicht festlegen. Vielleicht durchgehend seit dem Mittelalter? Zeugnisse dafür sind nicht bekannt. «Wurzeln aller Art wurden in Suppen mitgekocht, und Suppen waren die Basis der Volksernährung», schreibt der Historiker François de Capitani in seinem Buch über die Waadtländer Küche *(Soupes et citrons – La cuisine vaudoise sous l'Ancien Régime,* 2002). Die Waadt war damals Berner Untertanengebiet wie der Unteraargau auch, der sich von Aarburg bis Brugg erstreckte. Die Zubereitung von bekanntem Gemüse war eine Selbstverständlichkeit. De Capitani: «Gemüserezepte verdienten es eigentlich nicht, in Kochbücher aufgenommen zu werden.»

Die orangefarbene, stark carotinhaltige Karotte tauchte erstmals Ende des 17. Jahrhunderts in den Niederlanden auf, wo sie aus gelben Möhren entwickelt und, präzise gemalt auf prachtvollen Stillleben, auch in Zeugnissen festgehalten wurde. Sie behauptete sich dank züchterischer Verbesserungen und setzte sich im 19. Jahrhundert durch, fand dann Verbreitung in Frankreich und dem restlichen Europa. Solche Rüebli-Varietäten dominieren in der Schweiz das Angebot an Karotten, doch alte, zum Teil vergessene Sorten machen dank der Stiftung Pro Specie Rara wieder Boden gut, etwa *Jaune longue du Doubs* oder das weisse Küttiger Rüebli, eine Aargauer Exklusivität.

Die Rübelitorte wird heute in der gesamten, vor allem deutschsprachigen Schweiz hergestellt und konsumiert, vom Ursprung her aber dem Kanton Aargau zugeordnet, dem Rüebliland. Dieser Beiname entstand vermutlich in der zweiten Hälfte des 19. Jahrhunderts, möglicherweise als eine Ableitung von Rübenland, einer Bezeichnung für den Berner Aargau, der ein klassisches Runkelrüben- und Karottenanbaugebiet war. Rüebli wurden für die Küche gepflanzt, Runkeln als Viehfutter und zur Zuckerproduktion. Die Zuckermühle Rupperswil im ehemaligen Berner Aargau verarbeitet Runkelrüben.

AARGAUER RÜEBLICHUECHE

KAROTTENTORTE

Eigelb, Zitronenschale und Zucker zu einer sämigen Creme schlagen. — Rüebli schälen, auf der Gemüsereibe fein raffeln. Sofort mit den Mandeln unter die Eicreme ziehen. — Mehl oder Maizena mit Zimt, Nelkenpulver, Backpulver und Salz dazumischen. Kirsch oder Rum beifügen. Steifgeschlagene Eiweiss darunterziehen. — In Springform einfüllen. 1 Stunde bei 190 °C backen. — Tortenoberfläche, solange sie noch lauwarm ist, mit Konfitüre bestreichen. — Zutaten für die Glasur mischen. Über die Torte giessen, mit kreisförmigen Bewegungen verteilen. Ränder mit Glasur überziehen.

Anmerkung: Die Glasur kann auch weggelassen werden. Torte in diesem Fall nach dem Erkalten nur mit Puderzucker bestreuen.

***Arbeitsaufwand:** 1½ Stunden*

Für eine Springform, 24 cm
5 Eier
300 g Zucker
1 EL geriebene Zitronenschale
300 g Mandeln, gerieben
300 g Rüebli
4 EL Mehl oder Maizena
½ TL Zimtpulver
1 Prise Nelkenpulver
1 TL Backpulver
1 Prise Salz
3 EL Aprikosenkonfitüre
2 EL Kirsch oder Rum (nach Belieben) oder 2 EL Zitronensaft

Glasur
150 g Puderzucker
½ Eiweiss
2 EL Zitronensaft oder Kirsch

Gewerblich wird die Rüeblitorte seit etwa Ende der 1940er-Jahre hergestellt. Bis nach dem Zweiten Weltkrieg wurde sie meistens in der privaten Küche gebacken. Frühe Rezepte der Rüeblitorte sind deshalb vor allem in Kochbüchern für den Privathaushalt zu finden. Eines der vermutlich ältesten gedruckten Rezepte stammt aus dem Jahr 1892 und ist in einer Rezeptsammlung der Haushaltungsschule Kaiseraugst zu finden. Der im Rezept als «Gelbrüblitorte» bezeichnete Kuchen ist auffallend reichhaltig, werden doch je 500 Gramm Rüebli, Zucker und Haselnüsse respektive Mandeln und 8 Eier mit nur 100 Gramm Mehl und 10 Gramm Backpulver sowie dem Saft und der Schale einer Zitrone zu einem Teig verarbeitet. Das Eiweiss schlägt man separat steif und hebt es dann sorgfältig unter die Eierzuckermasse, den fertigen Kuchen übergiesst man mit einer Rumglasur.

Die Rüeblitorte wird in fast jeder Bäckerei angeboten, gilt aber eigentlich als ein klassischer Haushalts- oder Familienkuchen.

Badener Chräbeli

Das Badener Chräbeli ist ein helles Anisgebäck, etwa fünf Zentimeter lang und fingerdick, leicht gebogen und mehrfach eingeschnitten *(Abbildung Seite 40).*

Der Name «Chräbeli» für dieses leicht gebogene Anisgebäck mit den typischen Spitzen, die von den Einschnitten gebildet werden, ist auch andernorts verbreitet. Das Anisbrötli wiederum, das im Prinzip aus dem gleichen Teig nach dem gleichen Verfahren hergestellt wird, ist kein Chräbeli, weil es meistens mit einer runden oder eckigen Modelprägung versehen ist. Der wichtigste Unterschied ist die Verfügbarkeit: Badener Chräbeli gibt es während des ganzen Jahres, die andern Anisgebäcke eigentlich nur zur Weihnachtszeit – zumindest traditionell, also bevor Industrie und Grossverteiler die Jahreszeiten und die Jahresfeste zu verwischen begannen.

Der Geschmack des Chräbelis wird von Anis diktiert, *Pimpinella anisum,* einem Doldenblütlergewächs, das vermutlich aus Südosteuropa stammt. Der Wirkstoff Athenol bestreitet 90 Prozent der ätherischen Öle, die in der ganzen Pflanze vorhanden sind, aber vor allem in der winzigen, zweiteiligen Frucht. Sie verwendet man zum Backen und zur Produktion von diversen Liqueurs. Ziemlich kurios ist der Beginn der Karriere des hellen Anisgebäcks, das ab dem Mittelalter zur «Volksausgabe» für den teuren Marzipan wurde. Mandeln kosteten viel Geld wie auch der Zucker, der erst nach dem Dreissigjährigen Krieg (1618–1648) regelmässig aus der Karibik nach Europa gebracht wurde. Vorher süsste man mit Honig, den man aber nicht für Marzipan brauchte, weil nur Zucker die gewünschte Formbarkeit der Masse ermöglichte. In Rezepten, die in Kochbüchern des 17. Jahrhunderts als «Gemeines Marzipan», «Bauernmarzipan» oder «Eiermarzipan» stehen, sind die kostbaren Mandeln durch Weissmehl ersetzt worden.

Der Ursprung der Badener Chräbeli liegt im Dunkeln, doch Anisgebäck gab es schon in der Antike. Der Schweizer Brot- und Gebäckforscher Max Währen verwies auf eine Erwähnung des Badener Chräbelis in einer Beschreibung der Badenfahrt um das Jahr 1710. In der *Oeconomischen Encyclopädie* des Johann Georg Krünitz (1773) findet man eine passende Gebrauchsanweisung: *«Zulezt machet man davon kleine länglichte Stücke, und schneidet solche mit einem dünnen spitzigen Messer in der Länge über, aber nicht ganz durch.»* Diese angeschnittenen Teile stellen sich beim Backen etwas auf. Beim Verzehr der beinharten Chräbeli ist deshalb Vorsicht geboten, denn die abstehenden Spitzen können sich in das weiche Gaumenfleisch bohren.

— *Siehe auch: Anisbrötli, (Band 2).*

Bundesrat-Schaffner-Torte

Torte aus Meringuemasse, kirschgetränktem Biscuit und Rahm. In der Schweiz kennt man sie auch als Rahmkirschtorte.

Hans Schaffner (1908–2004) war der bisher einzige Spitzenbeamte der Eidgenossenschaft, der selber Bundesrat wurde (1961–1969). Der Freisinnige Berner mit Aargauer Heimatschein war Chef des Bundesamtes für Industrie, Gewerbe und Arbeit (BIGA, heute SECO), ein Mann der Wirtschaft und des internationalen Handels, der sich beim Aufbau der Kriegswirtschaft bewährt hatte. Als Wirtschaftsminister war er auch für die Landwirtschaft zuständig, die unter seiner Leitung ein paradiesisches Leben führte unter dem Motto «der Bauer produziert, soviel er kann, die Regierung verwertet, soviel sie kann» – mit Vorteilen für die Bauern und Nachteilen für die Steuerzahler. Als Schaffner 1961 gewählt wurde, offenbarte in seiner Heimatgemeinde Gränichen ein Bäcker ein prophetisches Händchen: Er kreierte zu Ehren Schaffners eine Torte, welche die spätere Opulenz in der Landwirtschaft hervorragend symbolisierte. Auf einen Boden aus Meringuage (Meringuemasse aus Eiweiss und Zucker) kommt eine Schicht leicht gelierten und gezuckerten Schlagrahms, darauf eine kirschgetränkte Biscuitscheibe, darauf wieder Rahm; abgeschlossen wird die Kalorienbombe mit einer zweiten Meringuage-Platte. Die Bundesrat-Schaffner-Torte erinnert ein bisschen an die Zuger Kirschtorte und wird in Gränichen produziert.

Spanischbrötli und Spanisch Brödli

Das traditionelle Spanischbrötli ist ein viereckiges Gebäck aus Blätterteig ohne Füllung mit einem kreuzförmigen Einschnitt. Das Spanisch Brödli ist eine neue Weiterentwicklung mit salziger oder süsser Füllung *(Abbildung Seite 40)*.

Das traditionelle «Spanischbrötli» wird nur noch auf Bestellung gebacken. «Spanisch Brödli», die gefüllten Varianten, 2007 von den lokalen Bäckern und der Stadt Baden zum Fest Badenfahrt lanciert, sind jetzt Standard dieser lokalen Spezialität. Eigentlich schade, denn ein Gebäck, das der ersten Eisenbahn im späteren Bahnland Schweiz den Namen gab, muss etwas wirklich Besonderes sein – auch wenn es sich bloss um Blätterteig handelt: richtig buttrigen allerdings, nicht um Diätversionen aus Margarine und dergleichen.

Die Spanischbrötlibahn wurde 1847 eingeweiht. Sie verkehrte zwischen Zürich und Baden und bewältigte diese erste Bahnstrecke der Schweiz in 45 Minuten. Den Namen des Gebäcks erhielt die Bahn, weil dank ihr Zürichs Oberschicht die begehrte Badener Spezialität innerhalb von zwei Stunden frisch auf den Tisch erhalten konnte. Vorher musste das Personal, ausgeschickt zur Beschaffung des Gebäcks, zwei Mal fünf Stunden auf Schusters Rappen zurücklegen.

Warum Blätterteig früher *Spanischbrodt* hiess, lässt sich nicht eindeutig klären. Frühe Erwähnungen findet man in Rechnungsbüchern des Kloster St. Clara in Basel (1649–1650), in Deutschland wurde Blätterteig im Dreissigjährigen Krieg (1618–1648) hergestellt. In ihrem *Brandenburgischen Kochbuch* von 1723 empfahl Sophie Schellhammer, «Blätterteig nur im Winter zuzubereiten, da dieser der leicht schmelzenden Butter wegen im heissen Sommer selten gerate», berichtet Albert Spycher in *Back es im Öfelin oder in der Tortenpfann* (2008). Im *Bernerischen Koch-Büchlein* von 1749 wurde der *Spanischbrodt*-Teig *«dreyfach zusammengelegt»* und *«noch dreymal auf diese Weise getröhlet und überlegt»;* anschliessend wurde er in beliebige Stücke geschnitten und mit Eigelb bestrichen, *«mit dem Messer oben darauf gehicklet und sorgfältig gebacken, dann es verbrennet gerne»*. Blätterteig alias Spanischteig war also nicht nur in Baden gefragt – im Berner Frutigtal kennt man ein vergleichbares Gebäck, den Blauen Kuchen.

Spanischbrötli waren mehr als ein einfaches Gebäck wie etwa Bauernbrot; in Baden servierte man es den Kurgästen zum Frühstück – auch wenn die Ärzte nicht in helle Begeisterung ausbrachen, denn das Quantum Butter im Blätterteig dürfte kaum kurkonform gewesen sein. Die früheste Erwähnung des Spanischbrötli in Baden findet sich in einer statistischen Untersuchung der Stadt Baden 1780, der Zürcher David Hess notierte 1818 zu einem Frühstück im Badener Kurhaus Kaffee und fünf, sechs Spanischbrötli – heute würde man *Croissants* aufschreiben.

Das Prinzip des Blätterteigs ist das wiederholte Einpacken von Butter in Teig. Man schlägt ein Stück Tafelbutter exakt ein in einen leicht gekneteten Vorteig aus Mehl, Wasser und Butter. Dann wallt man den Teig mehrfach und gleichmässig aus und schlägt ihn übereinander; diesen Vorgang, Tourieren in der Fachsprache, wiederholt man und so weiter und so fort: Ein klassischer Blätterteig besteht aus 729 Lagen Butter, die sich zwischen 730 Lagen Teig befinden. Man sollte immer auf möglichst kalter Unterlage arbeiten, sonst zerläuft die Butter und mit ihr der Teig. Für das Spanischbrötli wallt

Spanischbrötli *(Seite 38)*, Aargauer Rüeblitorte *(Seite 33)*, Badener Chräbeli *(Seite 36)*, Quittenpästli *(Seite 43)*, Badener Steine *(Seite 44)*

man den Teig aus und schneidet ihn in Quadrate von neun mal neun Zentimetern, bestreicht diese zweimal mit Eigelb und zeichnet sie mit einer Gabel, bevor man sie in den Backofen schiebt. Nach etwa 20 Minuten bei 180 Grad sollten sie goldbraun gebacken sein.

Die gefüllten Spanisch Brödli verlangen ein paar Arbeitsschritte mehr. Bevor man den Teig in Quadrate schneidet, verteilt man die Füllung darauf, entweder salzig mit Schinken und Rüebli oder süss mit Haselnuss und Rüebli, legt eine zweite Teigschicht darüber und bestreicht sie mit Eigelb. Nochmals kühlen, dann in Quadrate schneiden und die Oberfläche mit einem Messer fein einritzen. Nach dem Backen kann man die süss gefüllten Brödli mit Puderzucker bestäuben.

— *Siehe auch: Blauer Kuchen (Band 2).*

Zofinger Kinderfesttorte

Gefüllte runde Zitronen-Biscuittorte mit gelber oder weisser Zuckerglasur und gehobelten Mandelplättchen.

In Zofingen wird das jährliche Kinderfest schon seit langem gefeiert, die erste Erwähnung stammt von 1801. Das Fest war als Belohnung für brave Kinder gedacht, also spielte feines Essen eine tragende Rolle. Früher gab es geschlechtergetrennte Speisen, heute essen alle das gleiche Menü: Wurstweggen und Zitronentorte.

Für die Torte backt man einen Biscuitteig, aromatisiert mit Zitronenzeste, geraffelt oder in feinste Streifen geschnitten. Drei Schichten Biscuit bilden das Gerüst der Torte, die beiden Zwischenräume werden mit einer Buttercrème gefüllt, die Zucker, Vanille und Zitronenkonzentrat enthält. Die zweite Biscuitlage wird mit gezuckertem Zitronensaft getränkt, die dritte, oberste Lage zuerst mit Apricoture (vergleichbar mit Aprikosenkonfitüre) bestrichen, dann mit Zuckerguss und am Ende mit flüssiger Schokolade dekoriert. Den Tortenrand bestreicht man mit Buttercrème und belegt ihn mit gerösteten Mandelplättchen. Die Rezepte variieren je nach Bäckerei.

Quittenpästli

Das Quittenpästli ist ein Konfekt von oranger Farbe, hergestellt aus eingekochtem Quittenmus und Zucker *(Abbildung Seite 40)*.

Quitten werden seit dem Altertum verwertet, man unterscheidet Birnen- und Apfelquitten. Die Birnenquitten sind aromatischer als ihre Verwandten, sie sind hier stärker verbreitet und lassen sich gut zu einem klaren Schnaps brennen oder in Süssigkeiten verwandeln. Quitten sehen schön archaisch aus, sie fühlen sich mit ihrem feinen Flaum auf der Schale ein bisschen erotisch an. Doch beisst man in die Frucht hinein, ist's mit der Liebe rasch vorbei: Die Konsistenz der Quitte hat mehr mit Holz zu tun als mit einer saftigen Birne. Roh essen kann man sie also kaum, aber einkochen.

Quittengelee und Quittenpästli kennt man in den hiesigen Quittenregionen schon sehr lange, heute vor allem im Aargau, in Zürich, der Innerschweiz, im Bern- und Baselbiet. Die verschiedenen Dialektsynonyme weisen auf lange regionale Verbreitung hin, und liest man die Bezeichnungen am Stück, hat man eine hübsche Prüfungsaufgabe für einen Schweizerdeutschkurs aufgegleist: *Quittepäschtli, Chüttenpäschtli, Quittenguetzli, Chütteneläckerli* ...

Die älteste Erwähnung stammt aus dem *Idiotikon* von 1895 und bezieht sich auf eine Begebenheit im Leben des berühmten Basler Stadtarztes Felix Platter, der, so das Zitat, seiner Geliebten half, «*etwann kütten-latwergen machen*». Der Begriff *latwerge* bezeichnet den sirupartigen Saft eingekochter Früchte. Das älteste erhaltene Schweizer Rezept sind *Quitten-Zeltlin* aus dem Kochbuch *Allerhand Confect, Lattwerig-Werk und eingemachte Sachen* (1751) von der Zurzacherin Dorothea Welti-Trippel. *Quitten-Läckerli* sind im *Neuen Berner Kochbuch* (1835) der Lina Rytz rezeptiert. Beide Zubereitungsarten sind praktisch identisch mit den heutigen.

Quittengelee und Quittenpästli gehören zu den wenigen saisonalen Nischenprodukten, die vermutlich häufiger in Privathaushalten hergestellt werden als in Confiserien. Der Aufwand ist eben beträchtlich, man muss zuerst den Flaum von den Schalen wischen, weil das Öl in den Härchen rasch ranzig wird, dann unter erheblichem Kraftaufwand die Früchte zerkleinern. Stängel und Fliege werden herausgeschnitten, das Kerngehäuse lässt man mitkochen, weil es viel Pektin enthält, einen natürlichen Gelierstoff. Die Stücke kocht man mit etwa hälftig Zucker ein, trennt dann den Saft vom Mus und lässt beides separat weiterkochen, den Saft zu Gelee, das Mus zu Pästlibrei. Den Brei streicht man auf ein Blech, lässt ihn vier bis fünf Tage kühl ruhen, wendet ihn und lässt ihn weitere vier bis fünf Tage liegen. Dann löst man mit einem Ausstecher die Pästli heraus und bestreut sie mit Zucker, damit sie nicht kleben. Am Ende bleibt ein Viertel bis ein Fünftel der ursprünglichen Frucht in veredelter Form erhalten.

Badener Steine

Würfelförmiges Konfekt aus einem mit Kirsch getränkten Biscuit, überzogen mit Gianduja und Schokolade *(Abbildung Seite 40)*.

Gehört Schokolade auch zum kulinarischen Erbe der Schweiz? Die Quelle nicht, die Verarbeitung schon, zumindest teilweise. Der Kakaobaum wächst in den Tropen, in der Schweiz findet man ihn bestenfalls im Treibhaus eines botanischen Gartens. Die Milchschokolade aber ist dank der Entwicklung des Milchpulvers (1867) durch Henri Nestlé (1814–1890) eine Schweizer Erfindung; ebenfalls das Conchieren, 1901 entwickelt von Rodolphe Lindt (1855–1909): Durch eine Kombination von Reiben, Rühren und Schlagen werden die allerfeinsten Aromen aus der bereits gerösteten, zerriebenen und gewalzten Kakaomasse geholt, es entsteht ein extra feiner Schmelz.

Der Badener Stein wurde in den 1930er-Jahren von einem Badener Bäcker kreiert, der nach einer Neuheit suchte, um die damalige globale Wirtschaftskrise im Mikrokosmos seiner Konditorei und in Abgrenzung zur Konkurrenz besser überstehen zu können. Nach seiner Pensionierung gab er das Rezept, das seit 1937 in seinen Details geheim geblieben ist, an einen Nachfolger weiter, der wieder an den nächsten und so weiter, bis die Produktion im Jahr 2002 nach Luzern ausgelagert wurde.

Die Zutaten der Badener Steine bedingen konzentriertes Arbeiten. Das Biscuit muss feinporig und relativ dicht sein, sonst kann es den Kirsch nicht halten. Mit Gianduja, einer Haselnuss-Schokolade-Masse, umhüllt man das Biscuit, bevor man in der Trampiermaschine (Überzugsmaschine) warme Couverture aus dunkler Vanilleschokolade über die Steine fliessen lässt. Couverture enthält mehr Kakaobutter als konsumbereite Schokolade, sie ist ein Grundprodukt der Chocolatiers und Confiseure. Besonders exquisit sind die Couverturen der Firma Felchlin in Schwyz.

In der Schweiz gibt es verschiedene Nachempfindungen der Badener Steine wie Luzerner Wasserturmstein, *Züri Stei, Pavé du ciel* (Baden), Wilder Hofstein, Kirschwasserwürfel (Schwyz).
— *Siehe auch: Schokolade (Band 5).*

Getränke

Rivella

Kohlensäurehaltiges, alkoholfreies Tafelgetränk auf der Basis von Milchserum *(Abbildung Seite 20).*

Es gibt auf der ganzen Welt unzählige Arten von Limonade, aber nur ein Rivella. Der Geschmack dieses kohlensäurehaltigen, alkoholfreien Tafelgetränks ist unvergleichlich, entschieden typisch. Der Grund liesse sich *en détail* im Rezept finden, doch das ist seit seiner Kreation geheim. Bekannt sind Zutaten wie Kräuter- und Fruchtextrakte, Wasser und je nach Zusammensetzung Zucker, Fruchtzucker und Süssstoff sowie Kohlensäure, dann natürlich das Essentielle: 35 Prozent Milchserum. Wenn man aus Sirte (Molke, Schotte, das Restprodukt beim Käsen) Eiweiss, Fett und andere Partikel filtriert, bleibt eine gelbliche Flüssigkeit übrig: Milchserum. Üblicherweise wird die Sirte zu Ziger verarbeitet oder den Schweinen verfüttert, obschon bereits der Arzt Paracelus auf die gesundheitsförderliche Wirkung der Molke hingewiesen hatte. Ein kleiner Teil der Molke gelangte denn auch in die Hausapotheke, man strich die ausgedünnte Milch aufs Gesicht, schluckte sie zwecks Entschlackung oder badete darin.

Bis ein Milchbiologe oder eine Arztwitwe – Gründungsmythen gehören zu Firmengeschichten – einem jungen Auswanderer vom Zürichsee auf die Reise nach Amerika ein Bierrezept auf Molkebasis mitgab, das der Mann, Jean Barth, verkaufen sollte. Barth kehrte ohne Erfolg zurück und reichte das Rezept an seinen Bruder Robert weiter. Dieser, Student der Jurisprudenz, experimentierte damit zu Hause in Stäfa am Zürichsee und schaffte mit Hilfe des Biologen und Milchspezialisten Hans Süsli, das Abfallprodukt in Gold zu verwandeln – künftiges zumindest. Er gründete 1951 eine Produktionsfirma, rang dem italienischen Wort *rivelazione,* Offenbarung, den Namen Rivella ab und verlegte das wachsende Unternehmen 1954 nach Rothrist im westlichen Aargau.

99 von 100 Schweizerinnen und Schweizer sollen laut einer Marketingagentur wissen, was Rivella bedeutet. Das Getränk mit der leichten, angenehmen Säure und dem unverwechselbaren Geschmack hat sich relativ rasch durchgesetzt – dank der Hilfe der Getränkehändler und trotz Obstruktionen durch die geballte Mineralquellenlobby von damals, die den Emporkömmling gerne flach gehalten hätte. Barth beherzte mit einem guten Riecher für Werbung die Empfehlung von Paracelsus und platzierte Rivella vor allem im Sport. Er expandierte ins Ausland, in den Niederlanden war Rivella bereits 1957 erhältlich. Aus den Niederlanden erreichte das Familienunternehmen auch die Idee, eine Diätversion zu produzieren. 1959 gelangte Rivella blau auf den Markt, 25 Jahre vor dem ersten Schwappen der Light-Getränke-Welle. Heute gilt Rivella als eine von 20 charakteristischen Schweizer Marken; ein echtes Nationalgetränk, vor allem für Ausländer, die der Meinung sind, man müsse Rivella in der Muttermilch eingesogen haben, um es zu schätzen.

Rivella gibt es rot (das Original; mit Zucker), blau (mit Zuckerersatzstoffen), grün (mit Grünteeextrakt); Rivella gelb (mit Soja) hat sich in der Schweiz nicht durchsetzen können.

Zwischen Napf und Ritz

Fleisch- und Wurstwaren: Gnagi *(Seite 52)*, Krakauer Wurst *(Seite 53)*

❋

Früchte, Gemüse und Pflanzen: Birnenhonig *(Seite 56)*, Dörrbohnen *(Seite 58)*

❋

Konditorei- und Backwaren: Bauernbrot *(Seite 60)*, Dreikönigskuchen *(Seite 61)*, Luzerner Birnenweggen *(Seite 63)*, Birnenweggli *(Seite 64)*, Luzerner Lebkuchen *(Seite 65, Rezept Seite 67)*, Surseer Honiggans *(Seite 68)*, Willisauer Ringli *(Seite 69)*

❋

Süss- und Confiseriewaren: Luzerner Regentröpfchen *(Seite 73)*

❋

Getränke: Härdöpfeler *(Seite 73)*, Luzerner Alpenbitter *(Seite 75)*, Träsch *(Seite 77)*

Vor den Zeiten der Intercityzüge, Autobahnen und Flugreisen war Luzern die erste Stadt, die der Reisende von Süden her betrat, und die letzte, bevor er die Route über das Gotthardmassiv Richtung Tessin und Italien unter die Füsse nahm. Die katholische Hochburg in malerischer Landschaft hat die Innerschweiz jahrhundertelang dominiert, nicht unbedingt politisch, aber wirtschaftlich, gesellschaftlich, kulturell.

«Fest stand für Hinterländer und Entlebucher immer, dass die Menschen der Stadt Luzern nie dasselbe Brot wie sie gegessen haben», schreibt der Schriftsteller Al Imfeld, aufgewachsen in einer Bauernfamilie zwischen Sempachersee und Napf, in *Schweizer Rezepte* (2001). «Davon zeugt der ehemals gängige Satz: ‹Die Herren in Luzern draussen fressen uns das Zeug weg. Das Gute kommt nicht über Luzern hinaus.› Denn aus hungernder Distanz sah man die Güter aus dem Süden über den Vierwaldstättersee bis nach Luzern, aber nicht weiter vordringen. War nicht in diesen Gütern, die den langen Weg aus dem Süden nahmen, alles Gute, Grosse, Süsse und Tröstende? Noch bis zum Zweiten Weltkrieg hielt sich hier der Glaube an Überfluss und Opulenz der Städter.»

Die Stadt unter dem Pilatus und der geheimnisvolle Vierwaldstättersee am Alpenrand, das ärmliche Entlebuch mit dem finsteren Napfgebiet im Schatten des reichen Emmentals auf der andern, Berner Seite, die kleinen Seen nördlich der Stadt in der Hügellandschaft, die später in den Jurasüdfuss übergeht. «Luzern ist kein Getreidekanton», sagt der Gestalter Heiri Scherer, aufgewachsen auf einem Bauernhof in Meggen, praktizierender Imker und kulinarischer Wanderer, «Obstbau war wichtig, Tafelobst und Most. Es gab unglaublich guten Most. Most war wichtiger als Bier! In der Region Meggen allein gab es einst dreizehn Mostereien.» Heute sind sie alle verschwunden, zusammengefasst in Industriebetrieben. Neben Obstbau spielt die Viehhaltung eine wichtige Rolle und, damit verbunden, die Schweinemast. Im Kanton Luzern verzeichnet man die höchste Schweinedichte der Schweiz.

Auf dem Teller wirkt sich das Angebot eher etwas konservativ aus, «mehr Terroir-Küche als Nouvelle Cuisine», so Scherer, «aber top». Ländlich einfach und währschaft, gutbürgerlich und nahrhaft. In den Tälern Bachforellen, an den Seen Felchen (grosse Balchen, kleine Albeli) und Egli (Flussbarsch), Rötel (Saibling) und Hecht. «Hier gut essen!» stand an zahlreichen Wirtshausfassaden.

Die kulinarische Trennung zwischen Stadt und Land erreichte ihre klarste Kontur, als Cäsar Ritz die Innerschweizer Bühne betrat. Der legendäre Hotelier aus dem Goms leitete ab 1877 das «Hotel National» in Luzern und führte im Herbst und Winter renommierte Häuser an der Côte d'Azur. Zusammen mit seinem kongenialen Partner, dem Koch Auguste Escoffier, schuf er die mondäne Luxushotellerie für eine betuchte Kundschaft aus aller Welt. Mit den Musikfestwochen setzte Luzern dem neuen Renommee die Krone auf. «Da ging's gleich mit der obersten Etage los», erzählt Scherer: Am 25. August 1938 dirigierte Arturo Toscanini im Park von Richard Wagners Villa ein für ihn zusammengestelltes Orchester.

Im Entlebuch hörte man die edlen Klänge wohl kaum zu dieser Zeit. Das hat sich geändert, heute geniesst das Tal als UNESCO-Biosphäre einen Ruf als Region, wo Mensch und Natur zusammen besser funktionieren als in der Ebene, wo die fortschreitende Zersiedelung ganze Landschaften zerstört. Die Bauern haben sich aus dem Schatten gelöst und treten mit einer Vielzahl von Produkten

LOZÄRNER CHÜGELIPASCHTETE

LUZERNER FASNACHTSPASTETE

Arbeitsaufwand: 30–35 Minuten
Backzeit: 35–40 Minuten
Kochzeit: 40–45 Minuten

Für 5–8 Personen

600–700 g Blätterteig
1 *Mutschli* (kleines, rundes Brötchen)
2 Eigelb

Füllung

250 g Schweinefleisch
250 g Kalbfleisch
Je 150 g Kalbs- und Schweinebrät
3 EL Butter
1 gehackte Zwiebel
2 dl Weisswein
1 Apfel (nach Belieben)
Koriander, Majoran
2 EL Mehl
3 dl Mich oder Wein
50 g Weinbeeren, in 1 EL *Träsch* od. Kirsch eingelegt
250 g Champignons
Salz, Pfeffer, Muskatnuss
Etwas Rahm
Etwa 3 dl Bouillon
1 EL gehackte Mandeln

Das angegebene Quantum reicht für 5–8 Personen, je nachdem, ob man die Pastete als Vorspeise oder Hauptgericht serviert. — Bevor man mit der Zubereitung der Füllung beginnt, formt und bäckt man das runde Pastetenhaus: 600–700 g Blätterteig 4 mm dick auswallen und davon zwei Teigrondelle ausschneiden: ein kleines von 24 cm Durchmesser und ein grosses von 32 cm Durchmesser. Das kleinere auf ein grosses, mit kaltem Wasser abgespültes Kuchenblech legen und mit einer Gabel mehrmals einstechen. — Dann umwickelt man ein kleines rundes Brötchen *(Mutschli)* mit so viel Seidenpapier, dass eine Kugel von 37–38 cm Umfang entsteht. — Die Kugel in die Mitte des Teigbodens stellen. Den vorstehenden Rand mit Wasser befeuchten und das grössere Teigrondell sorgfältig über die Kugel legen. Den Rand dieses Deckels an den Rand des Teigbodens pressen, die entstehenden Teigfalten mit den Händen glätten. — Teigabfälle aufeinander legen und zu 3 mm dicken und 6 mm breiten Streifen schneiden oder ausrädeln. — Das Pastetenhaus mit zerquirltem Eigelb bestreichen, 4 Teigstreifen über das Kreuz legen und zwei weitere rundum als Ringe anbringen. Einen weiteren Teigstreifen auf den Bodenrand legen und so die senkrechten Streifenenden verdecken. — Die Pastete mit Sternen, Herzen und Halbmonden aus Teigresten dekorieren und oben als Abschluss eine grössere Teigrosette aufsetzen. — Die Pastete noch einmal mit Eigelb bepinseln und im vorgewärmten Ofen bei 180 °C 40 Minuten backen. — Nach 25 Minuten mit Alufolie abdecken. — Aus dem Ofen nehmen, 5 Minuten stehen lassen, den Deckel mit einem spitzen Messer dem oberen Ring entlang lösen und, solange der Teig noch lauwarm und geschmeidig ist, die Papierkugel mit grösster Sorgfalt herausziehen. — Das in kleine Würfel geschnittene Fleisch in Butter anbraten. Zwiebel mitdünsten. Mit 0,5 dl Weisswein ablöschen und 10 Minuten schmoren. — Apfel in den Jus reiben. — Brät mischen und kleine Kugeln formen, mit Koriander und Majoran würzen und in der Bouillon 10 Minuten ziehen lassen. — Für die Sauce Mehl in Butter anziehen lassen, mit Milch und Wein oder nur mit Wein ablöschen. — Den Jus des Ragouts und die Weinbeeren samt *Träsch* oder Kirsch beifügen. 20 Minuten köcheln. — Die Champignons in Butter dünsten, salzen und pfeffern. Zuletzt Fleisch und *Kügeli* in die Sauce geben, nochmals erhitzen, würzen, gegebenenfalls mit etwas Rahm oder Bouillon verdünnen. — Die Füllung heiss in die Pastete anrichten, geröstete Mandeln darüberstreuen und den Deckel aufsetzen.

Anmerkungen: Ein solches Pastetenhaus kann auch beim Bäcker bestellt werden. ❊ Übrigens hiess früher der Blätterteig «Spanisch Teig». Und so wurde er gemacht: *«Nimme Wasser und Mehl thuon Salz erst darin, wan du das Mehl darin gerüert hast, würcke den Teig, bis er nicht mehr klebt und Blatteren gibt, alsdan lass jihn wohl erkuohlen, wige solchen und wo vill er wigt, so nimm halb so vill Ancken, tröhl den Ancken aus, so dünn als du kannst und leg jhne auf halben Theil Teig in 2–3 mahlen. Schlag den anderen halben Theil darüber»* (aus dem *Altdorfer Pasteten-Büchlein).* ❊ Vom *Bärteli*-Essen aus (übrigens dürfen an diesem Mahl keine Frauen teilnehmen) schicken die Zünftler ihren Frauen, Kindern und Freunden süsse Nougattafeln, «Krokant» genannt.

auf, die unter der Sammelmarke «Echt Entlebuch» verkauft werden – lokale Alp- und Bergkäse, Joghurts und Konfitüren, Fleisch und Würste von Hof- und Wildtieren, Forellen und auch Holzprodukte. Mit dem Spitzenkoch Stefan Wiesner, «Hexer von Escholzmatt», der im «Restaurant Rössli» seine avantgardistische Naturküche pflegt, wirkt einer der interessantesten Köche Europas im Entlebuch.

Der Wind hat gedreht. Die Stadt sucht die Delikatessen vom Land. Das begann schon, als der Birnenhonig, ein ländliches Produkt, im Luzerner Lebkuchen den Bienenhonig ersetzte. Als Mittlerin zwischen den kulinarischen Regionen wirkte dann in Luzern Marianne Kaltenbach. In ihrem Buch *Aus Schweizer Küchen* präsentierte sie, anders und vor allem weniger technisch als ihre Vorgängerin Elisabeth Fülscher, Rezepte aus dem ganzen Land mit ihren lokalen Verwurzelungen und sozialen Aspekten wie Brauchtum und Festivitäten. Die beiden Autorinnen gehören auch zum kulinarischen Erbe der Schweiz, eine jede nach ihrer besonderen Façon.

Gnagi

Gepökelte, auch geräucherte Kopf- und Beinteile vom Schwein inklusive Knochen, Knorpel und Schwarten *(Abbildung Seite 54).*

Je nach Informationsquelle strotzt das Gnagi vor Verlässlichkeit, da handelt es sich bei diesem währschaften Stück um eine Partie vom Vorder- oder Hinterschweinebein, auf Hochdeutsch Eisbein genannt, auf Bayrisch *Haxn.*

In der Schweiz verliert es diese taxonomische Klarheit, da geht es unter in einer Fülle von Teilen. Als Gnagi gelten hierzulande demnach Beinpartien wie *Wädli* und *Füessli,* aber auch Kopfteile wie *Öhrli, Schnörrli* und *Schwänzli.* Lauter Randpartien des Schweins, die als Einzelstücke schwer zu verkaufen sind und deshalb meistens im konstruktiven Chrüsimüsi des Schwartenmagens, Presskopfs oder *Gelée de ménage* enden.

Doch die körpergeografische Herkunft allein charakterisiert noch kein Gnagi. Das Stück wird kaum pariert, man nimmt es inklusive Knochen, Knorpel und Schwarten, schneidet höchstens etwas vom *Gäder* weg, Adern, Sehnen und dergleichen, das mit dem Hinschied des Schlachtopfers ohnehin seine Bedeutung verloren hat. Die Stücke werden in Salzlake gepökelt, ihr Fleisch, so es denn davon hat, schmeckt in etwa wie Schinken – Fleisch, das man sich verdienen muss, indem man die äusseren Schichten mit Messer und Gabel entfernt und verzehrt und am Ende, weil alles so köstlich war, die letzten Fasern mit den Zähnen vom Knochen nagt. Oder *gnagt,* wie es im Schweizerdeutschen heisst. Deshalb also der Name, der in alten Zeiten generell für Fleisch verwendet wurde, das beim Lagern eingetrocknet und zu hart geworden ist.

In Berichten über Länder wie Australien oder Neuseeland wird gerne die Zahl der Schafe mit jener der Menschen verglichen – mit Vorteilen für die Tiere. Im Kanton Luzern könnte man dasselbe Spiel mit den Schweinen versuchen, aber es reicht zu wissen, dass im Luzernischen die höchste Schweinedichte der Schweiz ausgerechnet worden ist, gefolgt von der Ostschweiz, Bern, Aargau und Freiburg (2010). Deshalb muss Luzern nicht unbedingt der Kanton sein, wo besonders häufig Gnagi gegessen wird – Gepökeltes findet man in der ganzen Schweiz, auch im Tessin, wo die Stücke *Oss in bogia* heissen.

In der Stadt Luzern wird seit 1922 ein rustikales Fasnachtsmahl zelebriert, das Gnagiessen. Erstmals wurde das Essen im «Hotel Kolping» veranstaltet, dem Haus des einst rein katholischen (was für besondere Festfreude spricht) Gesellenvereins. Daraus entwickelte sich ein Männeranlass, der jeweils zehn Tage vor der Luzerner Fasnacht stattfindet und mittlerweile so weite Kreise zieht, dass ein Gnagi-Rat das Fest in verschiedenen Restaurants organisieren muss. Zum traditionellen Gnagischmaus tischt man Grünerbsensuppe mit Speckwürfeli und Croûtons auf, dann Gnagi mit Sauerkraut und Kartoffeln, Senf und einem Bürli.

Das Fleisch bildet das Scharnier zwischen Fasnacht und Fastenzeit: Früher schlug man sich an der Fasnacht die Bäuche voll mit Fleisch, dann dominierten Pflanzen und Fische die Verpflegung bis Ostern. Diese Zeit wurde einst *Carnislevavem* genannt, «Fleischwegnahme». Heute werden Gnagi von Metzgereien im grossen Stil produziert; man isst sie vor allem im Herbst und im Winter; und nicht nur in Luzern mit einer Erbsensuppe.

Krakauer Wurst

Geräucherte Brühwurst mit Speck- und Schinkenstücken in einer feinen Brätmasse.

In der Schweiz wird diese Wurst in Dagmersellen hergestellt; doch wie der Name sagt, stammt sie aus Krakau, und Krakau liegt in Polen. Deshalb kennt man diese Wurst in Deutschland und in Österreich gewiss besser als in der Schweiz. Wie kam sie nach Dagmersellen? Eine Legende führt auf polnische Flüchtlinge zurück, die während des Zweiten Weltkriegs in der Schweiz interniert waren. Einige blieben und fanden Arbeit, so auf einem Bauernhof in Dagmersellen, wo sie die Wurst hergestellt haben sollen, um ihr Heimweh zu lindern. Keine Legende war der österreichische Metzger Hans Halek

Bauernbrot *(Seite 60)*, Dörrbohnen *(Seite 58)*, Gnagi *(Seite 52)*

(1901–1966). Er trat 1928 auf einem Hof in Dagmersellen eine Stelle als Landarbeiter an, weil er als Metzger keine Arbeitsbewilligung erhalten hatte. In seinem Gepäck brachte der gebürtige Wiener das Rezept der Krakauer Wurst mit, die rasch Anklang fand und gerne als Geschenk weitergegeben wurde.

Das ist wohl kein Wunder, denn die Krakauer Wurst besticht durch aromatische Eigenwilligkeit: Würfel von Schweinestotzen und Speck werden in Salz und Gewürzen, etwa Paprika, gewendet und gegen 24 Stunden lang stehen gelassen, damit das Fleisch die Gewürze schön einzieht. Im Blitz produziert der Metzger feines Brät aus Kuhfleisch, Schwarte, Nitritpökelsalz und Eiswasser, das er von Hand mit den Fleischwürfeln vermischt. Die Masse mit etwa 30 Prozent Brät wird in Naturfaserdärme gefüllt und zu Würsten geclippt, die man ein paar Mal einsticht und in den Rauch hängt, wo sie in verschiedenen Schritten geräuchert und am Ende gebrüht werden. Nachher kühlt man sie in Tüchern ab und richtet sie zum Verkauf. Die Krakauer Wurst wird warm oder kalt gegessen.

Früchte, Gemüse und Pflanzen

Birnenhonig

Eingedickter, dunkelbrauner Fruchtsaft aus Birnen, teilweise Äpfeln oder Quitten, traditionell von Hochstammbäumen.

Bienenhonig und Fruchtzucker haben schon die Kost der Römer versüsst. Rohr- und Rübenzucker, der heute die Küchen dominiert, gab es erst später. Die Römer rührten konzentrierten, unvergorenen Traubensaft in ihre Weine, die sonst zu sauer und kaum trinkbar gewesen wären (damals konnte man die Gärung nicht stoppen wie heute). In der Schweiz war eingedickter Birnensaft bis zum Aufkommen des Rübenzuckers Mitte des 19. Jahrhundert so verbreitet, dass sogar spezialisierte Händler davon leben konnten. Auf einem seiner *«Ausruff-Bilder, vorstellende Diejenige Personen, welche in Zürich allerhand so wol verkäuffliche, als andere Sachen, mit der gewohnlichen Land- und Mund-Art ausruffen»*, hat der Zürcher Kupferstecher und Verleger

David Herrliberger (1697–1777) auch einen Birnenhonigverkäufer dargestellt: Er trägt seine Ware in einer Brente mit Deckel auf dem Rücken. Mit einem hölzernen Löffel schöpft er Birnenhonig in das Gefäss einer Kundin.

Die Rationierung von Zucker und Konfitüre während des Zweiten Weltkriegs sorgte für ein Comeback des Birnenhonigs, der heute vorwiegend in der Zentralschweiz hergestellt wird. Verwandte Produkte sind *Vin cuit* oder *Raisinée* in der Romandie; Birnel wird im Thurgau industriell produziert.

Lebensmittel wie Birnenhonig haben im Zuge gesundheitskritischer Diskussionen an Wertschätzung gewonnen, weil sie als bekömmlicher gelten als raffinierter Kristallzucker. In der Innerschweiz gehört Birnenhonig immer noch zum Alltag, zumindest auf dem Land, wo man ihn produziert und konsumiert, zum Süssen von traditionellen Luzerner Lebkuchen, anderem Gebäck, Müesli, Kompott, Konfitüren oder Milchgetränken braucht. Früher gab es Birnenhonig zu Gschwellti (gekochte Kartoffeln) wie auch zu Ziger, oder man unterzog Schlagrahm mit Birnenhonig. Heute streicht man ihn häufig aufs Brot.

Zu Birnenhonig verkocht man sehr reife Birnen, wenn die Früchte «kernteig» sind, wenn sie sich von innen her allmählich braun verfärben, weich werden, gar matschig, und vom Baum fallen. In diesem Zustand verführen sie nicht als Schönheiten, sondern als Leckerbissen, sie sind aromatisch, saftig und sehr süss. Die klassische Honig-Birne ist die Theilersbirne, auch Theiligsbirne, Streuler, Weissbründler oder Luzerner Birne genannt, weil sie zu Beginn des 20. Jahrhunderts im Luzernischen stark verbreitet war, sowie die Zuger Mostbirne. Das Fruchtgut wird gepresst, der Saft geseiht und über Nacht im Keller aufbewahrt. Am nächsten Morgen entfernt man die Fasern (Träsel), die obenauf schwimmen, kocht den Saft ein und füllt den fertigen Honig in Steinguttöpfe oder Einmachgläser ab. Aus 100 Liter Most resultieren am Ende je nach Konsistenz 14 bis 16 Kilo Birnenhonig.

Die Eigenheiten der verwendeten Sorten bleiben auch im Honig erhalten. Honig aus Wasserbirnen schmeckt säuerlichsüss und hat einen leicht astringierenden Effekt. Hofratsbirnen geben einen etwas weicheren Honig als Mostbirnen; Furrer- und Theilersbirnen lösen im Gaumen eine leichte Explosion an Süsse aus; reinsortiger Theilersbirnenhonig besticht mit Säure, Süsse, einem Hauch von Caramel und aromatischer Fruchtigkeit. Je nach Produzent werden den Birnen noch Äpfel oder Quitten oder beides beigegeben.

Dörrbohnen

Gedörrte oder getrocknete Gartenbohnen *(Abbildung Seite 54)*.

Dörren und Trocknen gehören zu den ältesten Methoden, die der Mensch für die Konservierung seiner Nahrung herausgefunden hat. Nicht nur das: Die Methode verdichtet die Aromen. Brüchig-hart getrocknet und schrumpelig geworden, werden die Dörrbohnen vor dem Kochen aufgeweicht. Sie nehmen dabei nicht dieselbe Menge Wasser auf wie während ihres Wachstums bis zur Ernte, auch wenn man sie eine ganze Nacht lang einweicht. Die Zellwände ziehen sich beim Trocknen zusammen und entfalten sich nicht mehr gleich wie vor dem Prozess.

Kleine Blättchen kann man an einem schattigen Ort trocknen lassen, Kräutersträusschen zum Beispiel im Estrich oder über dem Ofen. Grössere Formate wie Früchte oder Gemüse muss man aktiv dörren, trocknen lassen wie Kräuter reicht nicht, um den Produkten in vernünftiger Zeit genügend Wasser zu entziehen. 90 Prozent einer Gartenbohne (Buschbohne, Strauchbohne, Fisole) sind Wasser. Dank diesem Wasser finden Mikroorganismen und Schimmelpilze ausgezeichnete Lebensbedingungen, sie vermehren sich und das Gemüse verfault und zerfällt. Das wollen Gärtnerin und Gärtner natürlich nicht, also entziehen sie dem Gemüse so viel Flüssigkeit, bis es nur noch etwa einen Zehntel seines ursprünglichen Gewichts wiegt. Derart gedörrte Gartenbohnen lassen sich ein halbes Jahr lang lagern – ein idealer Wintervorrat.

Die Konservierung durch Dörren und Trocknen wurde während Jahrtausenden angewandt, im inneralpinen Raum nur an der trockenen Luft, in andern, feuchteren Gebieten zusätzlich mit Hilfe von Rauch. Später wurden weitere Methoden der Haltbarkeit entdeckt oder entwickelt, das Einmachen, Gären im eigenen Saft (Sauerkraut), das Einlegen in Essig, Öl oder Alkohol (der gefallene Admiral Nelson wurde in einem Fass Schnaps von Trafalgar nach London gebracht), die Konservendose und endlich auch das Gefrieren: die einzige Methode, welche die Frische des Produkts erhält.

Trotz Einfrieren und Gefriertrocknen halten sich die traditionellen Dörranlagen in der Schweiz beachtlich – nicht nur im Freilichtmuseum Ballenberg, wo zwei Dörrhäuschen stehen. In kurzer Zeit lassen sich im Internet zwei Dutzend Anlagen finden, verteilt im Mittelland. Das sind allerdings keine Grosströcknereien, sondern öffentliche, handwerklich betriebene Öfen für Kunden wie Bauern und Leute, die noch eigenes Obst und Gemüse anpflanzen – industrielles Dörren scheint in der Schweiz mit heimischer Ware nicht mehr rentabel zu sein. Dörrbohnen im Handel stammen vor allem aus China, sie kosten bedenklich weniger als heimische Bohnen.

Die Gartenbohnen verwendet man ganz, also mit Schote und Samen. Vor dem Dörren muss man die Bohnen putzen, rüsten und kurz pochieren, zwei-, dreimal unters kochende Wasser drücken, sonst werden sie zwar schön grün, schmecken aber wie Heu. Die befragte Betreiberin einer Gemeindeanlage schichtet das Dörrgut so in den Ofen, dass die Früchte mit dem höchsten Flüssigkeitsgehalt tropfen können, ohne andere zu «würzen». Auf dem untersten Trockensieb (Darre) also die halbierten Zwetschgen, die richtig schön saften, auf dem nächsten darüber die Birnenstücke, die «Honigtröpfchen» fallen lassen, dann die Apfelschnitze und -ringe, die kaum Saft abgeben, und ganz oben dann die Bohnen. Obst und Bohnen werden am Abend angenommen, eingefüllt und über Nacht bis in den nächsten Tag hinein getrocknet. Die Dörrzeit richtet sich nach Flüssigkeitsgehalt, Menge und Dörrgrad. Die befragte Betreiberin heizt auf 60 Grad, doch der Ofen verteilt die Hitze nicht gleichmässig. Manche Kunden wünschen elastisch gedörrte Früchte, die lassen sich weicher kauen, aber nicht lange lagern, weil sie zu gären beginnen und Fliegen anlocken. Ein Wintervorrat lässt sich aber nur mit hart-trockenen Lebensmitteln anlegen. Und dies ist ja der Grund, warum man überhaupt dörrt. Ihren Rekord beziffert die Frau auf 11,8 Tonnen Dörrgut, erzielt in einer Saison zwischen 1978 und 1982; 2011 waren es 6,5 Tonnen, 2010 bloss 1,2 Tonnen, Minusrekord.

Gedörrte Bohnen haben früher besonders in der deutschschweizerischen Kulinarik eine wichtige Rolle gespielt, als pflanzliches Eiweiss weit häufiger gegessen wurde als tierisches. Ein traditionelles Gericht sind Dörrbohnen, geräuchertes Rippli, Rollschinkli oder Speck und gekochte Kartoffeln – das klassische Weihnachtsessen neben Schinken im Brotteig, bevor Fondue Chinoise populär wurde. In gewissen Gebieten heissen die Dörrbohnen *Fisel,* etwa im Berner Oberland. Das Wort stammt vom französischen *ficelle,* Schnur: Die Bohnen wurden einst an einer Schnur aufgefädelt und zum Trocknen aufgehängt.

Mit dem Anstieg des Fleischkonsums, dem vereinfachten Verfrachten von Lebensmitteln aus aller Welt in alle Welt sowie den rund ums Jahr erhältlichen Produkten sind die heimischen Dörrbohnen fast verschwunden. Mit der Rückbesinnung auf das eigene kulinarische Erbe und einem steigenden ökologischen Verantwortlichkeitsgefühl findet man wieder häufiger Dörrbohnen aus hiesigen Gärten – unterstützt von Slow Food, das die Dörrbohne zu einem *Presidio* erklärt hat, zu einem schützenswerten Produkt, das im Zentrum besonderer Aufmerksamkeit steht. Produkt und Produzenten sollen nicht verschwinden, sondern gefördert werden. Weltweit hat Slow Food mehr als 300 *Presidi* eingerichtet, davon gut 20 in der Schweiz.

Heimische Dörrbohnen findet man in der ganzen Schweiz auf lokalen Märkten und auch im Detailhandel, zumindest regional.

Konditorei- und Backwaren

Bauernbrot

Professionell produziertes Brot mit Weizen- und Roggenmehl, Wasser und Milch sowie einer typischen Form *(Abbildung Seite 54).*

Als das Stadt- vom Landleben noch deutlich unterscheidbar war, freute sich der Stadtbub auf Bauernbrot und das Bauernmädchen sehnte sich nach Bäckerbrot. Damals buk die Bäuerin einmal pro Woche Brot, das frisch aus dem Ofen wunderbar knusprig und nach einer Woche Aufenthalt in der Vorratskammer immer noch feucht war und gut schmeckte. Auch das weisse Bäckerbrot mit seiner länglichen Form duftete verführerisch, war aber nach zwei, drei Tagen bereits ausgetrocknet; allerdings wurde es selten so alt, weil einzeln gekauft.

Die Welt war ziemlich in Ordnung und sauber eingeteilt, bis die Bäckereifachschule Richemont in Luzern und der Bäckermeisterverband eine Idee suchten, um die Milchschwemme mindern zu helfen. Sie schufen ein Brot aus Halbweiss- und Roggenmehl, Wasser und Milch, Salz, Hefe und Levit, einem Backmittel auf der Basis von getrocknetem Hefevorteig (Hebel), das nach Angaben des Produzenten den Brotgeschmack intensiviert. Neu an diesem Brot, das 1955 lanciert wurde, war die Beigabe von Milch – Milch wird eigentlich nur für Edelbrote wie Zopf oder *Pain au lait* verwendet. Unverwechselbar an diesem professionellen Bäcker-Bauernbrot sind der Geschmack und die Form des Laibes: rund, oben kreuz und quer eingeschnitten, so dass beim Backen ein Carré entsteht.

Dieses Bauernbrot wird von Bäckereien und den Grossverteilern schweizweit angeboten. Es passt gut zu Käse und kaltem Fleisch wie auch zu Schokolade und Früchten.

Dreikönigskuchen

Kranzförmiges Hefegebäck, in dem eine kleine Königsfigur eingebacken ist. Der Dreikönigskuchen wird am 6. Januar gegessen, dem Tag der Heiligen Drei Könige *(Abbildung Seite 70)*.

1952 war der Brauch in der Schweiz noch kaum bekannt oder höchstens in sehr alten, verstreuten Brauch-Einzelteilen im Entstehen begriffen, und ein halbes Jahrhundert später wird am Dreikönigstag die vermutlich höchste Menge eines einzelnen Kuchens an einem einzigen Tag verkauft: rund 1,5 Millionen Dreikönigskuchen. Dieses Gebäck wird an einem Tag gegessen, am 6. Januar, Tag der Heiligen Drei Könige, Tag der Epiphanie, Erscheinung des Herrn.

Warum der Dreikönigstag so beliebt geworden ist, dürfte am Kuchen wie am Rezept liegen. Das Hefegebäck mit Malz und Zitronenzeste, Rosinen und Mandeln schmeckt zum Frühstück, als

Pausen- und Zvieriverpflegung wie auch als Dessert bei Mittag- und Abendessen. Ausserdem enthält der aus einzelnen Teigbällen kranzförmig geformte Kuchen mit einer dickeren Kugel als Innenstück irgendwo eine kleine Königsfigur aus Kunststoff. Wer das Stück mit der Figur in Händen hat, darf einen Tag lang König sein. Welche Befugnisse die Eintagsmonarchie bietet, wird nirgends definiert; sie muss aber doch so verlockend sein, dass sich vor allem Kinder auf der Suche nach ihrem Königreich die Bäuche vollschlagen.

Woher stammt der Kuchenbrauch, der in so kurzer Zeit zu einem der beliebtesten Gedenktage im Kalenderjahr geworden ist? Der legendäre Schweizer Gebäckkenner Max Währen forschte in den 1940er-Jahren nach den Ursprüngen des Dreikönigskuchens und stiess auf verschiedene Quellen. Die Heiligen Drei Könige und die Erscheinung des Herrn, Epiphanie, reichen weit in die Anfänge des Christentums zurück. In seiner Publikation *Der Königskuchen und sein Fest* (1940) hält Währen fest, dass die ältesten Quellen, die ein solches Gebäck erwähnen, aus Frankreich im 12. und 13. Jahrhundert stammen. Der älteste Hinweis aus der Schweiz reicht ins Jahr 1390 zurück. Der Theologe Sebastian Franck, der in Strassburg, Basel und Esslingen gewirkt und sich 1528 auch mit dem «*greulichen Laster der Trunkenheit*» befasst hat, beschreibt 1534 das Brauchtum am Dreikönigstag: «*An der heyligen drey Künig tag bacht yeder vatter ein gueten leckkchen oder letzelten, darnach er vermag und ein Haussgesind hat gross oder kleyn, und knidt inn dem knetten ein pfennig darein, darnach schneidet er den gebackenen leckkuchen in vil stuck, gibt yedem auss seinem haussgesind eyns.*»

Das Resultat seiner Forschungen bewog Währen, mit der Bäckereifachschule Richemont in Luzern einen Dreikönigskuchen in der Schweiz zu lancieren. Der Anfang verlief harzig, 1952 wurden bloss 50 000 Stück verkauft; 1960 gelang der Durchbruch dank der Publizität, die der berühmte Gletscherpilot Hermann Geiger dem Kuchen bescherte: Er flog am Feiertag mit dem Helikopter drei Könige in Chandolin im Val d'Anniviers ein.

Der Dreikönigskuchen der Bäckereifachschule Richemont wird in der ganzen Schweiz geschätzt. Heute bestimmt das kleine weisse Figürchen Tageskönigin oder -könig, früher versteckte man eine Bohne im Teig. In der Westschweiz kennt man neben dem Dreikönigskuchen die *Galette à la frangipane,* eine Blätterteigtorte mit Mandelfüllung. Der Ursprung der Bezeichnung *frangipane* für die Füllung ist weniger fromm, als es sich für einen Dreikönigskuchen geziemen dürfte, nämlich ziemlich weltlich: Im 17. Jahrhundert liess sich ein italienischer Parfumeur namens Frangipani in Paris nieder und kreierte für Handschuhe ein Parfum auf Bittermandelbasis, das wiederum die Pâtissiers inspirierte.

Luzerner Birnenweggen

Gebäck aus Hefe- oder Blätterteig mit einer Birnenmasse, gerollt wie eine Roulade.

Birnengebäck gibt es in der Schweiz vermutlich bereits seit dem Spätmittelalter, weil man mit Birnen, die gratis an Bäumen wachsen, das teure Mehl strecken konnte, das zuerst einmal gemahlen werden musste. Es entwickelten sich zwei Typen, Birnenweggen und Birnbrot. Für den Birnenweggen wird ein ausgewallter Hefe- oder, seltener, Blätterteig mit einem würzigen Birnenmus bestrichen und wie eine Roulade eingerollt und dann gebacken; für das Birnbrot umwickelt man mit Teig eine etwas gröbere Birnenmasse, die mit Teig vermischt ist.

Laut *Atlas der Schweizerischen Volkskunde* sind die beiden Gebäcke geografisch klar verteilt: «In der Nordschweiz wie in Luzern und Zug herrschen Birnwecken vor. Von (...) Graubünden ausgehend reicht das Gebiet der Birnbrote bis an den Vierwaldstättersee (...), Glarus und Appenzell einschliessend. Auf sankt-gallischem Boden erscheinen Birnbrote zum Teil neben Birnwecken (Untersuchung von 1930).» In der Westschweiz und im Tessin waren diese Birnengebäcke keine Tradition, zumindest nicht bis zu Beginn der landesweiten Expansion der Grossverteiler mit ihren Sortimenten.

Der Luzerner Birnenweggen hat seine geografische Zuordnung erst in Kochbüchern erhalten, die nach 1945 publiziert wurden. Wie auch in andern Bereichen, bildet der Zweite Weltkrieg eine Zäsur und Übergangsperiode: Nach seinem Ende hat die Industrialisierung der Landwirtschaft und der Lebensmittelproduktion so richtig prall und fett eingesetzt. Birnenweggen werden auch in andern Zentralschweizer Kantonen hergestellt, nur verzichtet man dort auf die geografischen Präzisierungen.

Die Geheimnisse des Weggens liegen in den Details der Füllung und bleiben das Kapital der Bäcker. Die Füllung besteht aus gedörrten Birnen, die gereinigt, eingeweicht, gekocht und passiert werden. Die Masse wird gekocht und gesüsst, manchmal angereichert mit Baumnüssen, Feigen, Sultaninen oder Apfelschnitzen. Der charakteristische Duft des Birnenweggens erwächst aus einer Mariage von Birnenmasse und Weihnachtsgewürzen, also Zimt, Sternanis, Anis und Nelken, bemessen und abgerundet mit den Geheimnissen, zu denen der eine und andere Schluck Alkohol, Kirsch oder Träsch, gehören dürfte.

Birnenweggen trocknen dank der feuchten Füllung nicht so rasch aus wie normales Brot. Früher wurden die Weggen in Herbst und Winter konsumiert, vor allem auch am Nikolaustag und während der Festtage. Am besten schmecken Birnenweggen, wenn man Butter auf eine Scheibe streicht; ihr charakteristisches Aroma verbindet sich aber auch sehr gut mit einem andern markanten Produkt, Emmentaler Käse.

Birnenweggli

Variante des Luzerner Birnenweggens: Kleingebäck aus Hefe-, Mürbe- oder Blätterteig, gefüllt mit einer Birnenmasse.

Die Birnenweggen sind traditionelle Produkte, die bis ins Mittelalter zurückverfolgt werden können. Birnenweggli gibt es erst seit etwa Mitte des 20. Jahrhunderts, als die Berufsbäckerei die Hausbäckerei ablöste. Birnen wurden einst vor allem auf Bauernbetrieben, die von Viehwirtschaft lebten und keinen Ackerbau betrieben, zum Strecken des kostbaren Mehls gebraucht. Die Weggli dagegen sind Vorboten der Konsum- und Takeaway-Gesellschaft, man isst sie als Zwischenverpflegung. Die Füllung ist mit der ihres grossen

Bruders Birnenweggen quasi identisch, als Verpackung verwendet man Hefe-, Mürbe- oder Blätterteig. Der ausgewallte Teig wird in Rechtecke (zum Beispiel sieben mal fünf Zentimeter) geschnitten, die man mit streichfähiger Birnenmasse belegt; dann schlägt man den Teig darüber und backt das Weggli mit der Seite nach unten, auf der sich der Teig überlappt, damit er im Ofen nicht aufreisst. Das Birnenweggli kennt man praktisch in der ganzen Deutschschweiz, in der Romandie und im Tessin fast gar nicht.

— *Siehe auch: Toggenburger Birnbrot (Band 3), Bündner Birnbrot (Band 4), Glarner Birnbrot (Band 4).*

Luzerner Lebkuchen

Runder, relativ flacher und dunkelbrauner Lebkuchen mit Birnenhonig, Rahm und rissiger Oberfläche.

Im Kreis der Lebkuchengebäcke und Biber hält der Luzerner Lebkuchen eine charakteristische Position. Im Gegensatz zu den andern wird sein Teig mit Birnenhonig statt Bienenhonig angerührt, auch mischt man neben Milch zusätzlich noch Rahm unter. Der Luzerner wird weicher und poröser als der normale Lebkuchen und schmeckt mild aromatisch.

Der Begriff «Lebkuchen» tritt erstmals im 13. Jahrhundert auf. Bedeutung und Herkunft sind umstritten. Einmal könnte der klösterliche Lebkuchen vom lateinischen Wort *libum,* Opferkuchen, stammen; eine andere Deutung kombiniert die Vorsilbe «Leb» mit dem Wort «Laib», geformtes Gebäck; eine dritte Erklärung zielt in die Volksmedizin: Honiggebäcken wurden im Altertum lebenserhaltende und heilende Kräfte zugeschrieben, sie waren Kuchen für das Leben, wurden als Lebenskuchen bezeichnet und später zu Lebkuchen verkürzt.

Lebkuchen gehören zu den ältesten Gebäcken überhaupt. Ihre Ursprünge liegen in den mittelalterlichen Klöstern, wo Honiggebäcke je nach finanzieller und logistischer Verfügbarkeit mit orientalischen Gewürzen veredelt wurden. Berauschende Gewürze, die zu Kopfe stiegen; dieses Suchtpotential hatte die böse Hexe in Grimms Märchen von Hänsel und Gretel als Lockmittel erkannt und ihr Brot- und Kuchenhaus wirkungsvoll aromatisiert: «Hänsel, dem das Dach sehr gut schmeckte, riss sich ein grosses Stück davon herunter, und Gretel stiess eine ganze runde Fensterscheibe heraus, setzte sich nieder und tat sich wohl damit.» Manche Klöster mischten selber im europäischen Gewürzhandel des 11. Jahrhunderts mit. Allmählich verweltlichten die Lebkuchen und wurden auch in den Städten gebacken, wo sie zu einer beruflichen Spezialisierung führten: Im 15. Jahrhundert entstand das Gewerbe des Lebküchners. Im 17. Jahrhundert begann sich die heutige Lebkuchen-Vielfalt zu bilden, in damaligen Kochbüchern findet man unterschiedliche Lebkuchen- und Leckerli-Rezepte.

Eines der ältesten überlieferten Lebkuchenrezepte stammt aus Luzern, es wurde 1583 vom Luzerner Rat zur offiziellen Standard-Zubereitungsart erhoben, um Unregelmässigkeiten bei der Herstellung seitens der gewerblich organisierten Lebküchler zu kontern. Interessant dabei ist, dass die Zutaten Birnenhonig und Rahm erst zu Beginn des 20. Jahrhunderts auftauchten. Was aber nicht bedeutet, dass diese Lebkuchenvariante eine neue gewesen wäre – sie war die ländliche, entstanden in der bäuerlichen Hausküche, im Schatten des städtischen Gewerbes, und deshalb spät bekannt geworden. In der Stadt war das Lebkuchenbacken längst professionalisiert, auch waren dort die exotischen Gewürze einfach verfügbar. Bis Mitte des 20. Jahrhunderts hatte sich die ländliche Version als Luzerner Lebkuchen durchgesetzt – sie unterschied sich vom Rest der Schweiz, der beim Bienenhonig blieb, was die Luzerner mit einem offenbar frühen Talent für Marketing für sich zu nutzen verstanden.

Heute pflegt jede Bäckerei ihr eigenes Mengenverhältnis von Birnenhonig und Rahm. Die klassische Kombination exotischer Gewürze von Zimt, Anis, Sternanis, Nelken, Koriander und Ingwer hat sich gehalten und sich zum Stamm einer Aromakombination verdichtet, die als Lebkuchen- oder Weihnachtsgewürz in Ehren gehalten wird. Selbstverständlich gibt es Variationen in allen erdenklichen Nuancen, die von den Bäckern als Hausmischungen geheim gehalten werden. Der Birnenhonig-Rahm-Teig darf nicht geknetet werden, er muss luftig bleiben, *pfludrig;* nach den Gewürzen gibt man

LOZÄRNER LÄBCHUECHE

LUZERNER LEBKUCHEN

Sauren Rahm, Honig, Zucker, Gewürz und Natron mischen. Nach und nach so viel Mehl und Baumnusskerne zugeben, bis ein mittelfester Teig entsteht. Den Teig etwas kneten, dann ein rundes, flaches Brot daraus formen. — Im vorgeheizten Backofen auf der untersten Rille 1 Stunde bei 220 °C backen. — Den Lebkuchen noch warm mit Birnenhonig bestreichen, damit er Glanz bekommt.

Anmerkung: Zum *Zmorge* mit *Anke,* zum *Zvieri* mit viel geschwungener *Nidle* und zum *Znacht* mit einem Glas Rotwein servieren. Dieser Lebkuchen lässt sich in Alufolie mehrere Tage frisch halten oder auch tiefkühlen.

Arbeitsaufwand: 30 Minuten
Backzeit: 1 Stunde

Für eine Springform, 28 cm
5 dl Sauerrahm
6 EL Birnenhonig
200 g Zucker
1 EL Lebkuchengewürz (aus der Drogerie)
1 TL doppelkohlensaures Natron (aus der Drogerie)
500 g Vollmehl
100 g halbe Baumnusskerne
Birnenhonig zum Bestreichen

gesiebtes Mehl dazu, der Teig soll weich und nicht zu trocken sein. Einige Hersteller tröpfeln etwas Kirsch in den Teig; als Triebmittel verwendet man Natron (einst Pottasche und Hirschhornsalz) – daran erinnert ein leichter Laugengeschmack. Wenn der Teig seine ideale Konsistenz erreicht hat, formt man die runden Lebkuchen und backt sie.

Nach dem Backen bestreicht man die noch dampfende Oberfläche samt der obligaten Risse mit erwärmtem Birnenhonig. Dieser «Lack» verstärkt die tiefdunkle Farbe, die der Teig dank des Birnenhonigs erhalten hat, verleiht den Lebkuchen ein klebriges Antlitz und am Ende eine verlockende, verführerische Aura. Denn *«very dark food»* wie Lebkuchen, «Kaffee, Schokolade, Trüffeln, Kaviar, Steinpilze wie auch Plumpudding assoziiert man mit Erregung und Luxus», schrieb die kanadische Professorin Margaret Visser. «Wir fühlen tief in uns drin, dass solch dunkle, eigenartige Speisen bedeutungsvoll und sehr alt sein müssen. Wir essen Geschichte und kulturelle Werte genau so wie Familienerinnerungen» (*The Rituals of Dinner – The Origins, Evolution, Eccentricities, and Meaning of Table Manners,* 1991).

Surseer Honiggans

Biberartiges Gebäck aus einem reichhaltigen Honig-Haselnuss-Teig mit einer Mandelmassen-Füllung.

Der 11. November war – und ist es vielerorts noch heute – eines der wichtigsten Daten im Bauernleben. Am Tag des Heiligen Martin wurde das Landwirtschaftsjahr abgeschlossen, das Personal entlöhnt, die Sau geschlachtet und ein Fest gefeiert. Am Martinstag pilgern Feinschmecker in den Jura, um *La Saint-Martin* zu frönen, der Schweineschlemmerei in acht Gängen, während andernorts die üppig gefüllte Martinigans tranchiert wird.

Das Federvieh, das einst das römische Kapitol vor Invasoren gerettet hat, weil auch der schläfrigste Wächter Gänsegeschnatter kaum überhören konnte, muss im luzernischen Städtchen Sursee für eine populäre Volksbelustigung herhalten, der Gansabhauet. Junge Leute versuchen, einer toten Gans, die an einem Draht vor dem Rathaus mit den Füssen nach unten hängt, mit einem einzigen Säbelhieb den langen Hals zu durchtrennen. Die Krux: Sie müssen eine Maske in Form einer Sonne tragen, die ihnen die Sicht versperrt.

Um den besonderen Anlass und seinen eigenen Geschäftsgang zu versüssen, hat der Bäckermeister Josef Müller 1936 ein spezielles Gebäck kreiert, das so beliebt geworden ist, dass es heute patentiert ist und während des ganzen Jahres fabriziert wird: die Surseer Honiggans. Es gleicht einem gefüllten Lebkuchen, einem Biber. Zuerst knetet man den Teig aus Bienenhonig, Zucker, Weissmehl, Milch, einem Schuss Rum, einer Prise Salz, Zitronat und Orangeat und einer Gewürzmischung aus Anis, Sternanis, Nelken, Koriander und Ingwer, in den man am Schluss gemahlene Haselnüsse einwirkt. Die marzipanähniche Füllung besteht aus gerösteten, fein gemahlenen Mandeln, Zucker, Wasser, Aromastoffen wie Zitronat und Orangeat. Die Füllung wird mit dem Teig eingepackt, dann drückt man ein Model mit Gansmotiv auf den Deckel, schiebt die Gänse in den Ofen und bestreicht sie nachher mit Gummi arabicum, einem Harz aus Akazien, das sie glänzen lässt.

Seit den 1990er-Jahren erledigt eine 14 Meter lange Maschine die Arbeit vom Teigausrollen bis Modeln. Die Honiggänse sind geschützt und werden von einer Bäckerei in drei Formaten produziert.
— *Biberfladen (Band 3).*

Willisauer Ringli

Ringförmiges, bräunliches, beinhartes Kleingebäck aus Zucker, Mehl, Honig und Gewürzen, das nur in Willisau hergestellt werden darf *(Abbildung Seite 70).*

Das Willisauer Ringli dürfte eines der bekanntesten Kleingebäcke (Guetzli) der Schweiz sein. Man findet das beinharte Ringli, das schon viele Zähne von ihren Plomben befreit hat, in den Supermärkten des Landes. Die Beliebtheit dürfte kaum in der Freude am Risiko

Willisauer Ringli *(Seite 69)*, Träsch und Kafi Schnaps *(Seite 77)*,
Dreikönigskuchen *(Seite 61)*

liegen – wer leistet sich schon den Zahnarzt aus purem Vergnügen? –, sondern eher am Ringli selbst, das Kleinkinder, vom Loch im Süssen magisch angezogen, lustvoll mit ihren Fingerchen erkunden.

Dem Ringli liegt ein einziges Rezept zu Grunde, es stammt aus der Küche von Schloss Heidegg an der östlichen Grenze des Kantons. Martha Peyer, vertraut mit dem Alltag im Schloss, brachte es mit in die Ehe, die sie Mitte des 19. Jahrhunderts als zweite Angetraute des Willisauer Bäckers Heinrich Maurer einging. Bald darauf zauberte Maurer die ersten Ringli aus dem Ofen, die so gut aufgenommen wurden, dass die Konkurrenz sofort Witterung aufnahm und Kopien fabrizierte. Das führte zu Streitereien über echte und unechte Ringli, einzige und wahre und gipfelte am Ende in einer Frühform der geschützten Ursprungsbezeichnung.

1937 hatte sich das Amtsgericht Willisau mit einem Fall von Wirtschaftsspionage zu befassen, in dem das Ringlein im Fokus des Interesses stand. Ein ehemaliger Geselle von Bäcker Maurer hatte das Rezept abgeschrieben und verkauft. Die Klägerin, die noch heute existierende Bäckerei Amrein, welche die Bäckerei Maurer übernommen hatte, gewann den Prozess und das Recht, die «einzig echten» Ringli herzustellen. Eine Patenturkunde gibt es bis heute nicht. Als dann in den 1970er-Jahren eine Freiburger Firma Ringli mit der Bezeichnung «Echte Willisauer Ringli, Ursprung 1940» zu produzieren begann, strengte die damals grösste Produzentin, die Willisauer Ringli AG ein Verbot der Herstellung der Ringli ausserhalb Willisaus an – und bekam Recht.

Das Originalrezept gehört heute der Firma Hug, gegründet 1877 als Bäckerei in Luzern, die eigens eine Fabrik in Willisau betreibt und heute den Löwenanteil der Ringli produziert. Bäcker Maurer rührte einst aus Zucker, Wasser, Zitronen- und Orangenrinde sowie Mehl einen fettfreien Teig an, den er zu fingerdicken Würstchen rollte. Daraus formte er dann Kringel, die Ringli. Seit 70 Jahren erledigt eine Ringlimaschine die Arbeit vom Kneten bis Formen. Die Jahresproduktion beläuft sich auf insgesamt 500 Tonnen Willisauer Ringli – ausgelegt ergibt das eine Ringlikette von Willisau bis Dubai.

Am besten zerbricht man die Ringli in zwei, drei Teile, taucht diese in Kaffee oder Tee ein oder lässt sie auf der Zunge zergehen.

Luzerner Regentröpfchen

Praline in Tropfenform, gefüllt mit Kirsch und Schokolade.

Ein Spezialgeschäft brauche Spezialitäten, sonst sei es kein Spezialgeschäft, sagte sich in den 1960er-Jahren der Luzerner Konditor Hans Heini und entwickelte entsprechende Ideen. Einmal half ihm der Zufall. An einem für Luzern so vertrauten regnerischen Tag betrat eine Dame das Geschäft und beklagte sich bitter über den Regen. Der Konditor verteidigte die Nässe, erklärte, dass auch Regenwetter zwei Seiten habe – den Bauern freut's, den Spaziergänger ärgert's – und versprach der Dame, für sie eine süsse Aufheiterung zu kreieren. Er schuf eine Praline, die auch zwei Seiten hatte, zwei Komponenten nämlich, Kirsch und Schokolade: das Lozärner Rägetröpfli. So lautet die Legende, die von der zweiten Generation Heini weiter gepflegt wird. Die Praline verdient diesen hübschen Hintergrund durchaus, es braucht viel Sorgfalt und Handarbeit, bis sie glänzt. Ursprünglich waren die Regentröpfchen rund, seit den 1980er-Jahren erhalten sie eine (rechtlich geschützte) Tropfenform. Den Hohlkörper füllt man zuerst mit Kirsch und Fondant, dann mit Rahmganache, einer dickflüssigen Masse aus Rahm und Schokolade. Nachher wird der Hohlkörper mit einem Schokoladeblättchen verschlossen, 24 Stunden später die Praline mit einem Schokolademantel überzogen. Regentröpfchen gibt es aus dunkler und heller (Milch-) Schokolade.

Härdöpfeler

Klarer Kartoffelbrand, im Geschmack mild und leicht erdig.

«Kartoffelbrand ist eine Spirituose, die durch Destillation aus einer vergorenen Kartoffelmaische gewonnen wird.» Dieser einfache Satz steht in der Verordnung des Eidgenössischen Departements des Innern über alkoholische Getränke, Stand am 1. Januar 2011. Was so selbstverständlich klingt, gilt erst ab 1999. Vorher war die Produktion von Kartoffelbrand oder Härdöpfeler verboten, um die Kartoffel als Grundnahrungsmittel zu schützen.

Die Kartoffel stammt aus Südamerika und wurde von den spanischen Eroberern in die Alte Welt gebracht. Es brauchte eine Weile, bis sich das Nachtschattengewächs in Europa durchgesetzt hatte. In seinem *Mundbuch* (1994) schreibt Waverley Root, wie die Kartoffel in Frankreich zwar bereits verbreitet war, aber von der besseren Gesellschaft verachtet wurde: «1749 schmähte der Botaniker Raoul Combes sie mit den Worten: ‹Dies ist in aller Augen das abscheulichste Gemüse, doch das Volk, welches den grösseren Teil der Menschheit ausmacht, ernährt sich davon.› 1783 stiess [der Historiker] Legrand d'Aussy in das gleiche Horn und erklärte, dass der Genuss der Kartoffel, eines eigentlich unverdaulichen Nahrungsmittels, nur für die gemeineren Klassen anzuraten sei, da diese über die entsprechenden Verdauungsorgane verfügten.»

«Das Brennen von Kartoffeln soll um 1770 in der Schweiz Einzug gehalten haben, in der Waadt», heisst es in *Aperitifs und Spirituosen,* herausgegeben 1988 vom Schweizerischen Wirteverband. «Am Anfang des 19. Jahrhunderts entwickelte es sich zu einem regelrechten Landwirtschaftszweig.» Zu dieser Zeit war die Kartoffel in der Schweiz bereits ein Volksnahrungsmittel. Im gleichen Jahrhundert entbrannten auch die ersten Debatten über den Kartoffelschnaps. Er war billig und, nachdem man lange genug experimentiert hatte, einfach herzustellen. Mit zunehmender Industrialisierung wurde der Alkoholmissbrauch virulenter, der kleine Klare zur Pause gab neue Energie. 1887 schränkte der Bund mit einem Alkoholgesetz das Kartoffelbrennen ein und verfügte ein Produktionsmonopol, verbunden mit einer Brennsteuer; während des Ersten Weltkriegs verbot er das Brennen von Kartoffeln ganz.

Kartoffeln enthalten selber zu wenig Zucker, um den Gärprozess zu starten; die Fermentation funktioniert erst, wenn man Zucker zusetzt. Zuerst verkocht man die Kartoffeln zu Brei, gibt dann Getreidemalz dazu oder industriell hergestellte, flüssige und konzentrierte Enzyme. Gerstenmalz zum Beispiel gibt zusätzlich noch Geschmack ab. Im Korn gibt es zwei Enzyme, die für die Schnapsherstellung von Bedeutung sind: Eines unterstützt die Verflüssigung des Kartoffelbreis, das andere spaltet die Kartoffelstärke in Einfachzucker (Monosaccharide). Der mehlige Kartoffelbrei verwandelt sich in eine süsse Suppe, die Maische. Sie wird in ein Fass geleert und mit Hefekulturen geimpft; die Maischegärung setzt ein. Sobald der Zucker vergoren ist, kommt die Suppe ins *Alambic,* in die Brennanlage. Die hochprozentige Spirituose wird nachher mit destilliertem Wasser auf eine Trinkstärke von gut 45 Volumenprozent Alkohol verdünnt.

Härdöpfeler ist ein schlichter klarer Schnaps, vergleichbar mit Wodka (aber nicht so verfeinert), der aus Getreide oder Kartoffeln gebrannt wird. Als stilvoller Digestif eignet sich der Härdöpfeler nicht, er wird in der Regel pur getrunken und nicht mit Desserts oder Kaffee kombiniert. Manche Leute schlucken ihn aus gesundheitlichen Gründen, er soll – in homöopathischen Dosen verabreicht – Blutbild und Zuckerwerte positiv beeinflussen. Eine Brennerei im Kanton Zürich bezeichnet ihren Bintje-Härdöpfeler als «gut gegen Alterszucker» und als «wohl der einzige Schnaps, der als Medizin durchgeht». In *Das grosse Kräuterheilbuch* (1945) von Pfarrer Künzle und in *Der kleine Doktor* (2004, 71. Auflage) von A. Vogel findet man allerhand Ratschläge, gegen welche Gebresten die Kartoffel helfen kann – roh oder gekocht, in Scheiben, als Brei und auch als Saft, aber nie in gebrannter Form. Härdöpfeler oder Kartoffelbrand ist in der ganzen Schweiz verbreitet; in den Kantonen Luzern und Bern soll er etwas beliebter sein als anderswo.

Luzerner Alpenbitter

Bitter schmeckendes alkoholhaltiges Getränk; Aromatisierung von Alkohol durch Kräuter und Extrakte.

Der berühmteste Bitter der Schweiz ist zwar der Appenzeller Alpenbitter, der erste indessen stammte aus dem Berner Oberland. Laut einem Bericht über die Landesausstellung von 1883 in Zürich war es der Interlakner Apotheker August F. Dennler, der 1860 als Erster einen Magenbitter aus Alpenkräutern präsentierte. Von einer Erfindung im Sinne des Wortes kann man wohl kaum sprechen, solche

Tränke aus dem unendlichen Bereich zwischen Medizin und Rausch gibt es, seit der Mensch die Wirkung von Alkohol kennt. Aber Dennler hat sein Rezept aufgeschrieben. Wie später Gustav Erdmann Weisflog, der aus Sachsen stammte und 1860 in Zürich in Medizin promovierte. Er entwickelte in Altstetten einen alkalischen Bitter gegen Magenversäuerung, der gerne als Aperitif getrunken und ab 1880 fabrikmässig hergestellt wurde.

Wie schon bei den Hexen- und andern Zaubertränken, sind die Zusammensetzungen solcher Kräutermixturen ziemlich geheim – vor dem geistigen Auge sieht man die drei Hexen in *Macbeth* um den dampfenden Topf stehen und eine explosive Mixtur brühen: «Spart am Werk nicht Fleiss noch Mühe, Feuer sprühe, Kessel glühe ...»

In seinem Handbuch *Schumann's Bar* lüftet Charles Schumann ein bisschen den Vorhang. Nach ihm werden die Magenbitter (mit weniger als 100 Gramm Zucker pro Liter) «traditionell als Digestif getrunken, da ihr hoher Gehalt an Bitterstoffen (gewonnen aus Enzian, Wermut, Chinin, Galgant, Ingwer etc.) die Verdauung fördern soll. Zu diesem Zweck wird den meisten Magenbittern auch Zimtöl zugesetzt».

Luzerner Alpenbitter ist eine regionale Spezialität, die im Schatten des berühmten Appenzellers mit seinen 42 Kräutern steht. Der Kellermeister einer angefragten Brennerei hat das Rezept Anfang 1980-Jahre von seinem Vorgänger übernommen, kann aber nicht sagen, seit wann Luzerner Alpenbitter hergestellt wird. Kräuter und Fruchtteile werden nicht destilliert, sondern mazeriert, also in Alkohol gelegt, um ihre Aromen herauszulösen. Das dauert mindestens drei Wochen, dann lagert man die Mazerate bis zu sechs Monaten, allerdings wird stets etwas entnommen und etwas hinzugefügt – die Mazerate sind ein laufender Prozess. Im Luzerner Alpenbitter findet sich Enzian, was dem Getränk einen erdigen Geschmack verleiht, Sternanis und Bitterorange. Mehr will der Kellermeister nicht verraten, betont aber, dass Bitter- und Gerbstoffe geplagten Mägen Bekömmlichkeit verliehen, dass man dies aber nicht auf die Etikette schreiben dürfe: «Gesundheitsauslobung bei alkoholischen Getränken ist verboten.» Luzerner Alpenbitter findet man im Entlebuch.
— *Siehe auch: Weisflog Bitter, Seite 192; Appenzeller Alpenbitter (Band 3), Bitter des Diablerets (Band 5).*

Träsch

Klarer Kernobstschnaps, gebrannt aus ganzen Äpfeln und Birnen *(Abbildung Seite 70)*.

Der weltgewandte Städter mag zwar *Caffè corretto* oder *Carajillo* bestellen, der Mensch auf dem Land, nicht zwangsläufig weniger weltgewandt, hält seinem vertrauten *Kafi Träsch, Kafi Luz* oder *Cheli* die Treue. Am beliebtesten ist der aufmunitionierte Kaffee in der Zentralschweiz. Im Entlebuch des 18. Jahrhunderts war das Verlangen nach Schnaps so heftig, dass die Behörden den Hochprozentigen bannten, um die Schnapsseuche zu bekämpfen. Die Entlebucher behielten aber einen kühlen Kopf und versteckten ihren Klaren im Kaffee. So lautet die Legende, wie der Kaffee zum Schuss gekommen ist.

Keine Legende ist die Regel, dass der Schnapsanteil im Kaffee so bemessen sein muss, dass man durchs Glas die Zeitung lesen kann. Die Brände, die in (oft hohen) Gläsern mit Kaffee getrunken werden, gehören nicht zu den Edeldestillaten. Es sind rustikale Schnäpse, gebrannt aus Kernobst, meistens Äpfeln und Birnen gemischt. Im Bernbiet und im Solothurnischen heisst der Träsch Bätziwasser.

Der Name «Träsch» geht auf das Wort Trester zurück (nur Snobs denken an *Trash*). Als Trester bezeichnet man die Reste von Früchten nach dem Pressen. Alte Pressen schafften es nicht, den ganzen Most aus dem Obst zu drücken, es blieb viel Saft im Fruchtfleisch zurück. Deshalb lohnte es sich, diese Reste samt Schale und Kernstücken gären zu lassen und später zu brennen.

Moderne Pressen lassen keinen Tropfen Saft mehr übrig. Im Grunde kann man heute Träsch nicht mehr als Tresterbrand bezeichnen, denn man verwendet ganze Früchte, zumeist Mostäpfel und Birnen, vollreif und gesund.

Man zerkleinert sie, leert sie in ein Gefäss und gibt Hefe dazu. Nach gut zwei Monaten sind die Früchte komplett vergärt. Der Brenner giesst die Maische via Trichter ins Destilliergerät und heizt den Ofen ein. Alkohol verdampft bei 78 Grad, also früher als Wasser, das erst mit 100 Grad evaporiert. Auf dem Weg zum Auffanggefäss wird der Dampf durch ein Geistrohr geleitet und gekühlt, dabei kondensiert er. Am Ende beläuft sich der Gehalt des verflüssigten Dampfes auf gut 75 Volumenprozent Alkohol.

Die ganze Prozedur wird vom Brenner in drei Fraktionen bewertet: Vorlauf, Mittellauf und Nachlauf. Der Vorlauf ist ungeniessbar, da er giftiges Methanol enthält und zu Erblinden führen kann, der Mittellauf bietet das beste Resultat und den schönsten Trinkgenuss, während der Nachlauf mit gut 70 Volumenprozent separat aufgefangen und für einen zweiten Brand gebraucht wird. Zur Kunst des Brenners gehört ein sicheres Gespür, die feinen Unterschiede zu erkennen.

Den hochprozentigen Träsch verdünnt man mit destilliertem Wasser auf etwa 40 bis 45 Volumenprozent, für speziellen Kaffee-Schnaps auf 50 Volumenprozent; nachher filtriert man Trübungen, die von ätherischen Ölen des Brennguts stammen, aus dem Schnaps, damit dieser ein reiner Klarer wird – bereit für Kafi fertig.

— *Siehe auch: Bätziwasser, Seite 101; Eau-de-vie de poire à botzi (Band 5), Eau-de-vie de poires William (Band 5).*

Käse, Vieh und Söldner

Käse- und Milchprodukte: Bratkäse *(Seite 82)*,
Nidwaldner Alpkäse *(Seite 83)*,
Obwaldner Alpkäse *(Seite 85)*, Sbrinz *(Seite 87)*, Ziger *(Seite 91)*

❊

Früchte, Gemüse und Pflanzen:
Dörrbirnen *(Seite 93)*

❊

Konditorei- und Backwaren: Anisstange *(Seite 95)*,
Ofenkrapfen *(Seite 96)*, Rosinenweggen und Rosinenkranz *(Seite 98)*,
Zigerkrapfen *(Seite 99)*

❊

Getränke:
Bätziwasser *(Seite 101)*, Orangenmost *(Seite 102)*

Ob- und Nidwalden ist das Kerngebiet des Sbrinz, und der Sbrinz gilt als Urgestein des Schweizer Käsehandels nach Italien, wohin auch zu Beginn des 21. Jahrhunderts noch am meisten Schweizer Käse exportiert wird. Die beiden Kantone erstrecken sich zwischen Emmentaler und Urner Alpen, zwischen Lopper und Brünigpass; getrennt werden sie vom Kernwald – während Jahrhunderten mit Nachteilen für Nidwalden, das zwar in der Nähe von Gotthard und Brünig liegt, aber nicht direkt an den Passrouten. Obwalden dagegen zieht sich vom Alpnachersee entlang der Sarner Aa hinauf zum Brünig.

Die Landschaften beidseits des Kernwaldes sind ähnlich, aber nicht identisch. Der Lopper, ein mächtiger Felsriegel, Ausläufer des Pilatus, versperrt die Sicht, so dass man nicht einmal ahnen kann, wie es auf der andern Seite weitergeht. Die Säumer, die vor Jahrhunderten die Route westwärts über den Brünig nach Brienz benutzten, um von dort Waren via Grimsel, Griespass und Val d'Ossola nach Süden zu befördern, mussten den Weg zuerst einmal entdecken. Erst 1860 wurde eine Zugbrücke über die Seeenge zwischen Stansstad und dem Lopper gebaut, um Nidwalden ans schweizerische Verkehrsnetz anzuschliessen.

Man ist versucht, diese Region zu unterschätzen. In der Reiseliteratur des 18. Jahrhunderts wurde sie als klassisches Hirtenland beschrieben. Die Hirten haben sich gemausert – in Stans befindet sich der wichtigste Flugzeughersteller der Schweiz: Pilatus Aircraft Ltd. produziert den weltweit begehrten Pilatus Porter. Export bestimmte früh die Richtung der Wirtschaft Ob- und Nidwaldens, in kleinen abgelegenen Landstrichen mussten sich die Menschen für ihre Ernährung schon immer mehr einfallen lassen als in Gebieten, die unmittelbar mit den Fleischtöpfen Europas verbunden waren.

Vieh, Käse, Holz, Erz, Flugzeug; Söldner und Touristen: Die Unterwaldner brachten Rinder, Pferde und Käse ins Val d'Ossola und kehrten mit Wein und Getreide zurück; ab dem 16. Jahrhundert schickten sie einen lagerfähigen, fetten Hartkäse auf die Reise, den Sbrinz. Dennoch war es das Militärunternehmertum, das wirklich Geld ins Land brachte. «Der Boden der Innerschweiz vermochte die rasch wachsende Bevölkerung schon im frühen Mittelalter nicht mehr zu ernähren», schreibt Fritz J. Oberli (*Das Kochbuch aus der Innerschweiz,* 1978). «Was wurde zur einträglichsten Exportware? Tausende von bärenstarken Bauernburschen und nicht gerade zimperlichen Jungsennen. (…) Zahllose Söldner verluderten in der Fremde bei Spiel und Weibern. Aber viele kehrten in die Heimat zurück und brachten fremde Gerichte und Pflanzen, fremde Gewürze und Ess-Sitten nach Hause.»

Der Reichtum ruhte in den Kassen der Lokalfürsten, die Mehrheit der Bevölkerung blieb arm. Bis weit ins 20. Jahrhundert dominierten Land-, Alp- und Forstwirtschaft, erst der Tourismus generierte neue Stellen und Einkommen, verbunden mit dem Bau von diversen Bergbahnen Ende des 19. Jahrhunderts. Klima und Landschaft, Religion und Einfallsreichtum haben den Speiseplan zwischen Bauern- und Klosterküche geprägt. Der Nidwaldner Aloys Businger (1793–1867), Pfarrer und Schriftsteller, schrieb in seinem Hauptwerk *Der Kt. Unterwalden, historisch, geografisch, statistisch geschildert* (1836): «Obwohl der Unterwaldner im Durchschnitt kein starker Esser ist, so liebt er doch die seinem Lande fast ganz eigenthümlichen Leckereien, als da sind: die Bratkäse (…), Nydlen, (…), Ofenkrapfen, Zigerkrapfen und Lebkuchen.» Dazu kommen noch Dörrfrüchte, eine typische Vorratsnahrung.

NIDWALDNER OFÄTORI

ÜBERBACKENES KARTOFFELPÜREE MIT SPECK

Arbeitsaufwand: 20 Minuten
Backzeit: 25–30 Minuten

Für 4 Personen
600 g fester Kartoffelstock
30 g Butter
1 Ei
3 EL geriebener Sbrinz
Muskatnuss
200 g Magerspeck
Butter für die Form
Butterflocken

Lauwarme, flüssige Butter, verquirltes Ei, geriebenen Käse und nach Belieben Muskatnuss unter den Kartoffelstock mischen. — Eine Gratinform gut ausbuttern, die Kartoffelmasse hineingeben und mit einem Spachtel oder Messer so formen, dass eine leichte Wölbung nach oben entsteht. — Glatt streichen. — Magerspeck in kleine Stäbchen schneiden und in die Oberfläche des Kartoffelstocks stecken. — Im vorgeheizten Backofen bei 220 °C 15 Minuten überbacken. Einige Butterflocken auf dem Gratin verteilen, damit die Oberfläche schön braun wird, und nochmals 10–15 Minuten in den Ofen schieben.

Anmerkung: Mit viel Salat und Most *(Ghürotnigs)* servieren. Dann zum Dessert *Apfelschnitzli* mit Rosinen und Zimt. *Ghürotnigs* besteht zu gleichen Teilen aus Süssmost und gegärtem Most.

Bratkäse

Vollfetter, mild-säuerlicher Halbhartkäse aus pasteurisierter Milch oder aus Rohmilch *(Abbildung Seite 88)*.

An Umfang und Gewicht unterlegen, gilt der Bratkäse als kleiner Bruder des Raclettelaibs. Doch Masse ist nicht alles. Es kann durchaus sein, dass der Kleine den Grossen an Anciennität übertrifft. Hinweise aus einer schriftlichen Überlieferung aus dem ehemaligen Kloster Muri im aargauischen Freiamt über Käseherstellung im Unterwalden des 12. und 13. Jahrhunderts deuten darauf hin, denn die Überlieferung soll Schilderungen über Alpwirtschaft enthalten und Berichte, wie man Käse (Ziger?) über dem offenen Feuer schmilzt. Die früheste bekannte schriftliche Erwähnung der Technik des Käseschmelzens im Wallis stammt erst aus dem Jahr 1574.

Aber wahrscheinlich können weder hiesige Sennen noch Käser anderswo als Erfinder des Käseschmelzens Lorbeeren einheimsen. Diese Art der Konsumation kennt man weitherum auf der Welt. Nichts liegt näher, als ein Stück Nahrung ans Feuer zu halten und irgendwie zu wärmen. Viel bedeutender dürfte ein anderer zeitlicher Schritt gewesen sein, als im 16. bis 17. Jahrhundert die Technik der Labkäserei übernommen wurde. Zuvor wurde aus dem Milchfett Butter oder Fettziger hergestellt, und der Begriff Käse war für einen Magerkäse aus gesäuerter Milch reserviert.

In Ob- und Nidwalden wurde vor allem Sbrinz gekäst, der für den Export bestimmt war. Bratkäse war ein Nebenprodukt für den Heimmarkt, denn im Gegensatz zum extraharten Sbrinz kann man den halbharten Bratkäse nicht sehr lange aufbewahren. Auf lokalen Verbrauch deutet auch das Synonym *Heichuechäsli,* «kleine Käselaibe», wie Robert Schnieper in seinem Buch *Unser Käse* (1995) schreibt, «die mit der übrig gebliebenen Milch der Kuh oder Kühe gekäst wurden, die die Bauern daheim im Tal behielten, um nicht auf Milch, Rahm und Butter verzichten zu müssen, wenn der Rest der Herde auf der Alp gesömmert wurde.»

Auf der Alp stellt man Bratkäse aus Rohmilch her, in Talkäsereien aus pasteurisierter Milch. Ein Käser erklärt, dank pasteurisierter Milch verbessere sich die Schmelzfähigkeit und sinke die Anfälligkeit auf bakteriologische Probleme. Allerdings schmeckt Bratkäse aus pasteurisierter Milch nicht so aromatisch wie sein Pendant aus Rohmilch. Nach Pressung und erster Gärphase werden die Laibe für sieben bis neun Stunden ins Salzbad gelegt, dann folgt die Reifung im Keller bei 13 bis 14 Grad und 93 Prozent Luftfeuchtigkeit. Die Bratkäse, 0,75 bis 1,1 Kilogramm schwer, reifen sechs bis zehn Wochen; Raclettekäse braucht vier bis sechs Monate, Hartkäse oft mehr als ein Jahr. Der Käser: «Das hängt mit der geringen Grösse der Bratkäse-Laibe zusammen, vor allem aber ist die Käsemasse beim Bratkäse weniger trocken, die Bakterien sind folglich aktiver.» Während der Reifezeit wird der Bratkäse mit Salzwasser geschmiert.

Bratkäse kann man übers Feuer halten und wie beim Raclette die flüssig gewordene Schicht mit dem Messer in den Teller schaben. Zu Hause empfiehlt sich eine andere Methode: Man raffelt ihn in eine Bratpfanne und köchelt ihn mit einem Schuss Weisswein oder Most. Die Käsecrème gibt man über Kartoffeln oder Brot. Man kann den Bratkäse auch für Gratins verwenden, in Scheiben auf einem Stück Brot im Ofen backen oder als Schnittkäse servieren.

Bratkäse ist eine ausgesprochen regionale Spezialität. In der restlichen Schweiz kennt man ihn kaum, da beherrscht der Raclettekäse die Szene. Erhältlich ist Bratkäse in Käsereien und Lebensmittelgeschäften in Ob- und Nidwalden.

— *Siehe auch: Raclette du Valais (Band 5).*

Nidwaldner Alpkäse

Der Nidwaldner Alpkäse ist in der Regel ein vollfetter Halbhartkäse aus Rohmilch.

Politisch mögen «*ob und nid dem walde*» das Heu nicht immer auf der gleichen Bühne gehabt haben, beim Käse freilich liessen sich bis vor gut 100 Jahre keine markanten Unterschiede feststellen. Beide Seiten des Kernwaldes lebten von der Graswirtschaft, man züchtete Vieh, produzierte Fleisch und Käse oder verkaufte die Rinder am Stück, lebend. Obwalden hatte einen gewissen Vorteil, weil es an der Route über den Brünig liegt, Nidwalden musste schon etwas längere Strecken zurücklegen, dafür gab es Alternativen am Vierwaldstättersee.

Vom 12. bis ins 17. Jahrhundert war in Unterwalden, dem Kerngebiet des berühmten und speziell in Italien begehrten Sbrinz, die Herstellung von Fettziger, Butter und Magerkäse aus gesäuerter Milch vorherrschend *(Ziger, Seite 91)*. Mit dem Aufkommen der Lab-Käserei konnte man härteren Käse produzieren als mit der Ziger-Technik. Je weniger Wasser der Käse enthält, desto weniger anfällig ist er auf raschen Zerfall; je mehr Wasser beim Käsen dem Bruch entzogen wird, desto härter wird der Käse am Ende. Und je grösser der Laib, desto geringer die Stückzahl, die über Brünig, Grimsel, Griespass und Val d'Ossola nach Oberitalien zu schleppen war. Das hing von Kraft und Ausdauer der Tragtiere ab. Später kam noch hinzu, dass Zollgebühren nicht nach Gewicht, sondern nach Stück berechnet wurden.

Es brauchte also eine gewisse Menge Milch, um einen gut 45 Kilo schweren Brocken wie Sbrinz produzieren zu können. Kleine Alpen mit wenigen Kühen konnten da nicht mithalten. Wer sich nicht mit andern zusammenschloss, musste eben kleinere Brötchen backen. Lokale Alpkäse. Heute mag vieles anders sein, aber Alpkäse werden immer noch produziert – neben halbhartem Bratkäse und extra hartem Sbrinz, Mutschli und anderen Spezialitäten.

Noch 1923 stellte Karl Gutzwiller in seinem Standardwerk *Die Milchverarbeitung in der Schweiz und der Handel mit Milcherzeugnissen* keine Unterschiede zwischen Ob- und Nidwalden fest. Danach begann sich in der Alpkäserei eine Tendenz herauszukristallisieren: Halbhartkäse in Nidwalden, Hartkäse in Obwalden. Offenbar orientierten sich die Nidwaldner an Uri, wo halbharter Alpkäse und kein Sbrinz gekäst wird, und die Obwaldner am Berner Oberland, wo ebenfalls ein extraharter Alpkäse hergestellt wird, der Berner Alp- und Hobelkäse.

Die Nidwaldner Alpkäse wiegen sechs bis acht Kilogramm. Der Senn erhitzt entrahmte, gekühlte Abendmilch und frische Morgenmilch auf 32 Grad, gibt Lab hinein und Milchsäurebakterien, die er aus einer Stammkultur täglich selber weiterentwickelt. Die Feststoffe gerinnen zu einer mehr oder weniger festen Gallerte. Mit der Käseharfe schneidet man die geronnene Milch in Käsekörner. Dabei scheidet Sirte aus, es entsteht der sogenannte Bruch (Sirtenbruchgemisch). Je kleiner die Körner sind, desto härter wird am Ende der Käse. Weichkäse enthält mehr Wasser, weil er aus gröberen Stücken hergestellt wird; Wasser bietet Mikroorganismen mehr Lebensraum. Hartkäse enthält weniger Wasser und hält das potentielle Verderben entsprechend besser in Schach.

Das Sirtenbruchgemisch wird nochmals erhitzt: auf 45 bis 47 Grad für Halbhartkäse, auf 50 Grad für Hartkäse, damit sich die Körner stärker zusammenziehen und noch mehr Sirte ausdrücken. Dann kommt der Käse in die Form (Järb), wo er 24 Stunden lang gepresst wird, und nachher ein bis zwei Tage ins Salzbad. Im Keller werden die Laibe anfänglich zwei- bis dreimal wöchentlich gebürstet und mit Salzwasser geschmiert. Es entsteht eine Schmiereflora aus Bakterien, Hefen und guten Schimmelpilzen auf der Rinde. Die Flora wird von Käse zu Käse übertragen und beeinflusst auf diese Weise erheblich den späteren Geschmack; sie schützt ausserdem den Käse vor Verschimmelung. Will man einen Hartkäse, lagert man den Laib trocken, er reift von innen her.

Bis zum Alpabzug liegen die Käse im Speicher, später in den Kellern der Bauernhäuser. Damit die Schmiereflora nach Wunsch gedeiht, sollte die Luftfeuchtigkeit nicht unter 85 Prozent liegen. Es darf nicht wärmer als 18 Grad sein, sonst könnten durch Nachgärung Löcher und Fehlaromen entstehen. Die Nidwaldner Alpkäse werden via Direktverkauf, in Läden und auf Märkten der Region vertrieben. Im Spätherbst findet ein Alpkäse-Markt in Beckenried statt.
— *Siehe auch: Sbrinz, Seite 87; Schwyzer Käse, Seite 117; Berner Alpkäse und Hobelkäse (Band 2), Urner Alpkäse, (Band 4).*

Obwaldner Alpkäse

Der Obwaldner Alpkäse ist ein vollfetter Hartkäse aus Rohmilch.

Ein Laib Obwaldner Alpkäse wiegt 10 bis 18 Kilogramm, also gut drei Mal weniger als ein Laib Sbrinz. In Obwalden wird der Alpkäse hart, trocken und praktisch blind, also ohne Löcher, hergestellt. Er weist Ähnlichkeiten mit dem Sbrinz sowie dem Berner Alpkäse auf, während in Nidwalden eine halbharte Variante vorgezogen wird. In Sachen Käse sind Ob- und Nidwalden eng verknüpft (siehe Nidwaldner Alpkäse).

Alle Schweizer Alpkäse unterliegen der landwirtschaftlichen Begriffsverordnung. Ein Alpkäse muss demnach in einem anerkannten Alpbetrieb während der Alpsaison produziert werden. Die Milch muss von Kühen stammen, die auf der Alp frei weiden; zum Käsen darf nur unbehandelte Rohmilch gebraucht werden. Im Gegensatz zum Alpkäse darf ein Bergkäse während des ganzen Jahres in einer Dorf- bzw. Talkäserei produziert werden, die im Berggebiet liegen muss. Für Bergkäse darf die Milch, die von Kühen auf Weiden ab 600 Meter über Meer aufwärts produziert wird, auch thermisiert (auf 55 bis 68 Grad erhitzt) oder pasteurisiert (72 bis 75 Grad) werden.

Obwaldner Alpkäse wird wie Nidwaldner Alpkäse hergestellt, nur schneidet der Senn die Käsekörner feiner, etwa weizenkorngross, und erhitzt sie auf 50 Grad. Diese Temperatur überleben nur erwünschte Milchsäurebakterien; sie spielen bei der Geschmacksbildung eine wichtige Rolle. Abgefüllt in Formen (Järb), wird die Masse etwa einen Tag lang gepresst, damit weiter Sirte abfliesst. Nach dem Pressen liegen die Laibe drei bis vier Tage im Salzbad – länger als ihre Nidwaldner oder Berner Alpgenossen, weshalb am Ende der Salzgeschmack ausgeprägter ist. Das Salz entzieht weiter Wasser, dringt in den Käse ein und beginnt die Rinde zu bilden.

Nachher legt man die Laibe in Holzspeicher zur Reifung aus. Sie werden trocken gelagert und nicht geschmiert. Bei 18 bis 20 Grad beginnt der Käse zu schwitzen, Fett tritt aus; dieser Fettfilm wird regelmässig weggewischt. Nach dem Alpabzug lässt man die Käse in Kellern bei 10 bis 14 Grad weiter reifen. Sbrinz erhält eine ähnliche Behandlung; Berner Alpkäse wird anfänglich geschmiert, dann trocken gelagert.

Nach drei Monaten kann man Obwaldner Alpkäse bereits anschneiden. Empfehlenswert ist dieser frühe Konsum freilich nicht. Mit acht Monaten schmeckt der Käse würziger, nach einem Jahr Reifung rezent und vollmundig. Nach zwei Jahren wird er brüchig und lässt sich wie Sbrinz als Möckli oder gerieben verwenden. Jeder Laib Obwaldner Alpkäse ist ein Unikat: Jede Alp hat ihre eigene Flora, was sich auf die Milch auswirkt, und jeder Älpler züchtet Tag für Tag seine eigenen Bakterienkulturen, ausgehend von einer kontrollierten Stammkultur. Noch rund 50 Sennen produzieren Obwaldner Alpkäse, der in der Region verkauft wird.

— Siehe auch: Schwyzer Käse, Seite 117; Berner Alp- und Hobelkäse (Band 2).

Sbrinz

Der Sbrinz ist ein extraharter Käse aus Rohmilch *(Abbildung Seite 88).*

Er ist das Urgestein unter den Schweizer Käsesorten – nicht nur deshalb, weil sich der Sbrinz nach zwei bis drei Jahren Lagerung tatsächlich in einen harten Brocken verwandelt, sondern weil er seit Jahrhunderten gehandelt wird. Es heisst, dass der Sbrinz als ältester Exportkäse den Grundstein zum Renommee der Schweizer Käsespezialitäten im Ausland gebildet hat. In einem Eintrag im Berner Staatsarchiv aus dem Jahr 1530 ist von einem «*Brientzer käss*» und einem «*Unterwaldner käss*» die Rede. Dieser extraharte «*Unterwaldner käss*» wurde einst in Brienz gesammelt und zusammen mit «*Brientzer*» und anderem Berner «*käss*» von Säumerkolonnen über Grimsel- und Griespass (südwestlich vom Nufenenpass) nach Domodossola in Italien transportiert. Vermutlich bezeichneten die Kunden in Norditalien den Käse nach dem Verladeort als Sbrinz; noch einleuchtender klingt das Wort *sbrinzo,* das im lombardischen Dialekt Hobelkäse bedeutet. Gerollte Sbrinz-Hobelspäne werden heute in den Läden angeboten, und das Land des Parmesans zählt immer noch zu den besten Abnehmern von Sbrinz ausserhalb der Schweiz.

Der Käse aus dem Norden tauchte bereits bei den Römern auf, die aus ganz Italien, aber auch aus ferneren Provinzen Käse in die Hauptstadt liefern liessen. Der «*caseus alpinus*» wurde aus Rätien, dem alten Gebiet der Ostalpen, nach Rom exportiert. Ob damit eine frühe Form des Sbrinz gemeint ist – ohne klare Herkunftsbezeichnung? Das System des AOC-Labels wurde erst im 20. Jahrhundert in Frankreich kreiert und installiert. Seit 2001 darf auch der Sbrinz die Schutzetikette tragen, allerdings erst, wenn die Kontrolle nach 12 Monaten Reifung positiv verlaufen ist.

Dörrbirnen *(Seite 93)*, Orangenmost *(Seite 102)*, Bratkäse *(Seite 82)*,
Ziger *(Seite 91)*, Sbrinz *(Seite 87)*

2012 produzieren noch 30 Käsereien gegen 2000 Tonnen Sbrinz in der Ebene und etwas weniger auf der Alp. Die Kühe fressen Gras und Heu, je alpiner desto besser dank dem Kräuteranteil; Silogras und genverändertes Futter sind verboten. Das AOC-Produktionsgebiet umfasst die Kantone Luzern, das eigentliche Kerngebiet Ob- und Nidwalden, Schwyz und Zug sowie den Bezirk Muri (Aargau) und die drei Berner Gemeinden Obersteckholz, Lotzwil und Langenthal.

Für einen 45 Kilogramm schweren Laib Sbrinz benötigt man mehr als 600 Liter frische Rohmilch. Täglich gelangt die Milch zum Käser und wird erst auf ihre Qualität geprüft und dann im Käskessi unter ständigem Rühren auf 32 Grad erwärmt. Dann wird die Milch mit speziell für Sbrinz entwickelten Milchsäure-Bakterienkulturen und tierischem oder vegetarischem Lab versetzt. Um einen extraharten Käse zu erhalten, muss man möglichst viel Wasser aus der Masse extrahieren; Milch enthält 87 Prozent Wasser. Die Milch gerinnt zum Bruch, die Sirte (Molke, Schotte) trennt sich von der Käsemasse. Der Bruch wird mit der Käseharfe in gleichmässige, weizenkorngrosse Körner zerkleinert. Der Teig wird auf 56 Grad erhitzt, die Körner ziehen sich weiter zusammen und drücken nochmals Wasser aus, und wird dann in die Form (Järb) gebracht, mehrmals gepresst und gewendet, bis keine Sirte mehr austritt.

Der fertige Laib wird 15 bis eher 20 Tage in ein Salzbad gelegt, viel länger als alle andern Käsesorten der Schweiz. Das Salz entzieht dem Käse weiter Wasser und dringt langsam ins Innere ein. Nun wird er ins feuchtwarme Abschwitzlager gebracht, wo er während 20 bis 40 Tagen bei 16 bis 18 Grad Fett und Wasser abgibt. Der Käse schwitzt, auf seiner Oberfläche bildet sich ein Fettfilm. Danach wird er in einem trockenen Raum bei tieferen Temperaturen hochkant gelagert. Nach frühestens 18 Monaten darf er aus dem Lagerkeller genommen werden. Der Teig enthält keine Löcher, er ist «blind»; ausserdem etwas spröde bis mürbe. Sein Geschmack ist leicht salzig und vollmundig.

Mit Abstand am meisten Zustimmung findet der Sbrinz nach 24 bis 26 Monaten Reifung; 80 bis 90 Prozent der Konsumenten schätzen ihn in diesem Alter. Eine kleine, eingeschworene Gemeinde lässt ihn länger liegen, drei, vier Jahre. Die Zeit im kühlen Keller gibt dem Sbrinz eine mürbe, brüchige Konsistenz und veredelt ihn in einen «Klumpen Gold» mit unverwechselbar reichem und nuanciertem Geschmack – der freilich wegen desaströsem Preiszerfall nicht mehr in Gold aufgewogen wird.

Am besten bricht man mit einem Messer mit kurzer Klinge mundgerechte Bröckchen aus einem schönen Stück, das man nicht direkt aus dem Kühlschrank genommen hat. Die Kälte unterdrückt einen Teil der Aromen, die sich erst bei Zimmertemperatur richtig voll entfalten. Dazu *Ciabatta,* Halbweiss- oder Ruchbrot (zu Sbrinz passt sogar Roggenbrot) und – weil Sbrinz im Süden früher auch gegen Wein eingetauscht wurde – Merlot aus dem Tessin, Nebbiolo oder Barbera aus dem Piemont. Sbrinz ist in der ganzen Schweiz erhältlich.

— *Siehe auch: Berner Alpkäse und Hobelkäse (Band 2).*

Ziger

Fettarmer, proteinreicher und fast geschmacksneutraler Frischkäse, der aus Sirte gewonnen wird *(Abbildung Seite 88).*

In einem Dokument aus dem Jahr 1437 vermacht Witwe Jeannette aus dem Val d'Hérens im Wallis «ihre ganze Habe, beweglich wie unbeweglich» den beiden Söhnen, die ihre Mutter als Gegenleistung mit allerhand Lebensmitteln versorgen müssen, darunter jährlich «zwei Ziger von der Montagne d'Arolla».

Das muss ein besonders feiner Ziger gewesen sein, wenn er extra aufgeführt wird: Für das 15. Jahrhundert durchaus üblich, mit heutigem Ziger nicht vergleichbar. Es gibt nämlich zwei Zigertypen: den «Vollziger» und den «Magerziger». Der Unterschied der beiden Typen wird durch die Wiederbelebung der Lab-Verkäsung bestimmt. Lab, das berühmte Enzym aus dem Kälbermagen, trennt die erwärmte Milch in Feststoffe (Proteine, Fett) und Wasser auf. Diese Technik kannten bereits die Römer. Nach ihrem Abgang verschwand die Lab-Verkäsung fast komplett, sie spielte hierzulande je nach Region erst wieder im 16. bis 17. Jahrhundert eine Rolle (im Greyezerland ab Mitte 15. Jh.). Im Falle von Ob- und Nidwalden brachten Söldner die

Technik nach Hause mit: Die Bauernsöhne hatten in Frankreich gesehen, dass man dort Käse nicht mit Säure, sondern mit Lab herstellt. Weil ihnen dieser Käse besser schmeckte, sattelten sie zu Hause auf diese Technik um. Die Entwicklung gab ihnen Recht, bald war harter Käse gefragt, den man besser lagern und transportieren konnte.

In den 1000 Jahren dazwischen wurde der Rahm zu Butter geschlagen und die entrahmte Milch zu Magerziger verarbeitet; aus Vollmilch gewann man Fettziger, der sich wie die Butter in den Städten gut verkaufen liess. Heute gewinnt man Ziger aus Sirte (Molke, Schotte), er ist der leichte Zweitkäse. Sirte besteht vor allem aus Wasser, das zu 87 Prozent die Milch bildet, enthält aber noch Feststoffe, die sich beim Käsen nicht mit dem Bruch verbunden haben. Um eine Gerinnung dieser Molkeneiweisse (Albumine und Globuline) zu erreichen, erhitzt man die Sirte auf 90 Grad und gibt Säure hinein (Milch-, Essig- oder Zitronensäure). Die Molkeneiweisse ziehen sich zusammen und werden mit einem Sieb eingefangen und in gelochte Formen geleert, aus denen die restliche, noch ärmer gewordene Sirte abfliessen kann. Die flockige Masse verfestigt sich, am nächsten Tag kann man sie aromatisieren und bereits essen. Sie hat einen dezenten milchigen Geschmack. Gewürzt wird mit Salz, Pfeffer und Kräutern; Ziger wird auch geräuchert.

Im schweizerischen Käsemarkt gilt Ziger als Nonvaleur, man findet ihn nicht einmal in der Statistik von Swissmilk. Linienbewusste Menschen schätzen Ziger indessen, weil er quasi fettfrei ist. Sie kümmert überhaupt nicht, dass er als Armeleute-Käse galt, als *«fromage de la honte»,* Schandkäse. Mit der Steigerung der Milch- und Käseproduktion gab es plötzlich Sirte in Fülle, sie wird zu immer grösseren Teilen direkt den Schweinen verfüttert. Eine bessere Idee hatten Bündner und Appenzeller, sie boten im 18. Jahrhundert Molkenkuren an. Gäste erhofften sich durch Spaziergänge und Sirte, in regelmässigen Dosen getrunken, Linderung von allerlei Krankheiten. 1890 gab es in der ganzen Schweiz 30 Molkenkurorte, zehn Jahre später galten die Kuren als sinnlos. Vereinzelte Wiederbelebungen der Molkenkur gibt es im Appenzellischen.

Da lässt sich mit Ziger doch Schmackhafteres anstellen, als bloss eine Diät zu alimentieren. Man schneidet eine Scheibe ab, salzt und pfeffert sie und brät sie in Öl wie ein Steak. Vor dem Servieren kann man das Zigerplätzli mit Schnittlauch bestreuen. In der Innerschweiz und in Zürich sind Zigerkrapfen beliebt. Es gibt auch Alpsennereien, wo im Sommer Ziger produziert wird – die Luxusklasse aus frischer Alpenmilch. Solchen Ziger vermischt man am besten mit Honig und giesst ein paar Löffel Rahm darüber.

Macéré heisst eine kulinarische Extravaganz, die heute verschwunden ist. Paul Hugger berichtet darüber in seinem Buch *La fromagerie d'alpage dans le Jura vaudois* (1971). Bevor der Senn seine Alp am Ende der Saison verliess, grub er unter seiner Hütte ein Loch in den Boden und stellte eine Kiste mit gut gesalzenem und gepfeffertem Ziger hinein. Beim Alpaufzug im nächsten Frühling grub man die Kiste aus, holte den Inhalt ans Licht, schabte die etwas angegriffene Randzone weg und ass diesen Vintage-Ziger. Der Geschmack soll etwas prononciert sein, vergleichbar mit Gorgonzola.

— *Siehe auch: Zigerkrapfen, Seite 99; Sérac (Band 5).*

Früchte, Gemüse und Pflanzen

Dörrbirnen

Ganze gedörrte Birnen *(Abbildung Seite 88).*

Technischer Fortschritt im Haushalt hat bewirkt, dass die traditionellen Konservierungsmethoden wie Dörren und Trocknen zwar nicht gleich verschwunden, aber doch ziemlich vernachlässigbar geworden sind. Solange Elektrizität durch die Leitungen fliesst, lassen sich Frischprodukte in der Kälte konservieren – monatelang, wenn sie gefroren sind. Man braucht also nicht mehr Apfel und Birnen, Zwetschgen und Pflaumen, Aprikosen und Kirschen oder auch Bohnen in den Dörrofen zu schieben, um sich wie ein Hamster einen Wintervorrat anzulegen. Dörrgut dient nicht mehr der Grundernährung wie in Zeiten, als ohnehin viel mehr Obst aus Eigenanbau gegessen wurde als heute, sondern auch dem Genuss.

Ein herausragendes Beispiel für diese Wendung in der täglichen Ernährung sind die ganzen gedörrten Birnen, die vor allem in Ob- und Nidwalden zu finden sind. Ihre Geschichte beginnt in den 1950er-Jahren. Eine Obwaldner Dörrfrau erzählt: «Die Leute waren nicht mehr angewiesen auf die Schnitze als winterliche Nahrungsvorratsquelle. Die stark verbesserte Lebensmittelversorgung, ein zunehmender Wohlstand, der Kühlschrank und der Tiefkühler, all das machte die Dörrbirnen entbehrlich. Der Dörrofen verschwand aus vielen Bauernhäusern.»

In ihren Dörrofen schiebt sie jeweils von Anfang September bis Anfang November um die 20 Birnensorten – von weltweit gut 5000. Und zwar ganz. Vor der Erfindung der Kühlgeräte hätte man ganze getrocknete Birnen rasch verzehren müssen, weil sie im Innern noch Feuchtigkeit enthalten, was nach einer gewissen Zeit einen Gärungs- und Fäulnisprozess in Gang setzt. Die Birnen müssen richtig reif sein, nicht zu wenig und nicht zu sehr, dann legt man sie dicht an dicht auf *Huttli* (Hurden), rund zwei Meter lange und 30 Zentimeter breite Holzrahmen mit einem feinmaschigen Sieb als Boden.

Der fast hundertjährige Ofen aus Schamottsteinen, verstärkt mit Eisenplatten, funktioniert mit drei Kammern: In der untersten wird eingefeuert, später jede Stunde ein Tannenscheit nachgelegt, um in der zweiten Kammer eine möglichst konstante Temperatur von etwas über 100 Grad zu erhalten. In dieser Brüh- oder Dampfkammer haben zwölf *Huttli* Platz. Die Birnen bleiben acht bis zehn Stunden in der Kammer; sie verfärben sich dunkel, werden weich gedämpft und verlieren etwas Wasser. Die Schale hält den meisten Saft in den Birnen zurück, die ziemlich prall bleiben. Nachher werden die Früchte in die Nachtrocknungskammer geschoben. Dort haben 30 *Huttli* Platz. In dieser Kammer bleiben die Birnen je nach Grösse bis zu zweieinhalb Tagen bei 70 bis 80 Grad. Das ursprüngliche Gewicht soll bis auf ein Viertel schrumpfen. Die Birnen sind nun weich und schön schrumpelig.

Die gedörrten Birnen lagert man in Holzkisten, die mit Papier oder Folie, aber nicht mit Plastik ausgeschlagen sind. Sie sind nicht ewig haltbar, man muss aufpassen, dass sie nicht von Ameisen, Milben oder Nagern angeknabbert werden. Dörrbirnen lassen sich sehr gut tiefkühlen. Ganze gedörrte Birnen sind ein exklusives Produkt, «sie sind beliebter denn je», sagt die Dörrfrau, «aber auch seltener». Rund 70 Kunden, Bauern aus der Umgebung und Private mit eigenen Obstbäumen, bringen ihre Früchte zu ihr.

Anisstange

Mit Nussmasse gefülltes rechteckiges Anisgebäck, Oberseite verziert.

Die Anisstange ist in Stans verbreitet. Das rechteckige, nicht all zu kleine Gebäck wird auch in der Region geschätzt, aber weit herum kennt man es kaum. Umso erstaunlicher sind die Synonyme, auf die es die Anisstange gebracht hat: *Änisstange, Stangechräpfli, Klosterchräpfli,* weisser Lebkuchen; *Anisbiber,* wenn für den Teig Anisöl genommen wird. In der Schweiz kennt man zahlreiche Anisgebäcke, vor allem Chräbeli und Anisbrötli. Die Chräbeli in der Deutschschweiz sind eher hart, die Brötli in der Westschweiz eher weich und luftig. Anisbrötli werden in hölzerne Modelformen gedrückt und tragen auf der Oberseite Verzierungen. Für die Nidwaldner Anisstange gibt es Motive wie Muscheln, St. Nikolaus, das Nidwaldner Wappen oder das Winkelrieddenkmal (die mythische Heldenfigur Arnold von Winkelried, der sich 1386 in der Schlacht von Sempach in die Speere der Gegner stürzte und eine Gasse freiräumte, war Nidwaldner). Die Stange gibt es auch als Schlange, die in der Vorweihnachtszeit den St. Nikolaus auf dem gewundenen Rücken trägt.

Im Unterschied zu den meisten helvetischen Anisgebäcken enthält die Nidwaldner Anisstange eine Füllung mit Haselnüssen mit oder ohne Schraps (süsse Brösel), je nach Bäcker gewürzt mit Honig oder Zuckermasse, ganzen Anisfrüchten, Zimt, Nelkenpulver, Zitronenschale. Für den Teig verwendet der Bäcker Staub- statt Kristallzucker, weil so die Konturen des Modelreliefs schärfer und klarer werden. Anis kommt in unterschiedlicher Form in den Teig, als Öl oder Aroma (verteilt sich regelmässig) oder als winzige, samenähnliche Frucht: Beisst man auf sie, entfaltet sich das Aroma stärker.

Der Bäcker drückt die eine Teighälfte in den Model, gibt die Füllung in den Hohlraum und bedeckt das Ganze mit der andern Teighälfte. Dann nimmt er die Stücke aus der Form und lässt sie auf dem Backblech bis zu 24 Stunden trocknen. Auf diese Weise halten sich die Konturen des Models besser. Gebacken werden sie bei 170 Grad, damit der Teig schön weiss bleibt. Spezielle Beachtung gilt dem *Füessli* oder dem *Bödeli:* Der untere Teil des Teiglings bleibt feucht, während der obere trocknen soll. Im feuchten Teil bleibt das Triebmittel aktiv; beim Backen bildet der untere Teil einen Sockel und hebt die obere Hälfte hoch.

Anisgebäcke waren früher ein Ersatz für das teurere Marzipan *(siehe Badener Chräbeli, Seite 36)*. Die Anisstangen kennt man sicher schon seit 100 Jahren, so alt sind in Stans nämlich Model mit Schlangenmotiven, die immer noch verwendet werden. Das Schlangenmotiv hat einen religiösen Hintergrund, weil man in den 40 Tagen der Fastenzeit das Kleid der Sünde abstreifen musste, um an Weihnachten sauber dazustehen – der sündige Mensch häutete sich wie die Schlange. Es gab aber noch eine zweite, weltlichere Erklärung, die Sage von Winkelried und dem Lindwurm. Dieser Ritter Winkelried tötet im nahen Ennetmoos einen Drachen und verliert sein Leben wie später auch sein Namensvetter auf dem Schlachtfeld von Sempach.

Die Anisstange wird in Stanser Bäckereien sowie an Markt- und Festtagen des Nidwaldner Hauptortes verkauft.

— Siehe auch: Badener Chräbeli, Seite 36; Anisbrötli (Band 2), Uristier Anisgebäck (Band 4), Pains d'anis fribourgeois (Band 5).

Ofenkrapfen

Im Ofen gebackener Krapfen aus Blätterteig, gefüllt mit einer Masse aus gedörrten Birnen.

Krapfen sind die Fortführung eines uralten Systems: Man nehme einen Teigfladen, packe zerkleinertes Essen auf die eine Hälfte, klappe die zweite darüber und esse das Ganze. Fast Food aus dem Mittelalter, Jahrhunderte vor Lord Sandwichs praktischer Idee in Gebrauch. Die Teigtaschen konnte man mit süsser oder salziger Masse füllen, mit Fleisch und Gemüse, mit Käse, Früchten und Nüssen oder Essenresten verschliessen und im Ofen backen oder in heissem Fett frittieren. Wobei die Frittiermethode wohl die ältere ist, denn Backöfen wurden erst spät in die Wohnhäuser eingebaut. Aber auf dem Herd eine Pfanne voll ausgelassener Butter erhitzen und darin Krapfen ausbacken, das war nie ein Problem.

Das Wort «Krapfen» geht weit zurück, es ist auf die althochdeutschen Begriffe *crapho, kraphun* und *kräpfen* zurückzuführen, die bereits im 9. Jahrhundert bekannt waren und so viel wie Kralle oder Haken bedeuteten, gebogene Formen also. So können auch Krapfen aussehen, sie müssen aber nicht.

In der spanischen Welt kennt man *Empanadas,* in Indien *Samosas* und in der Schweiz die Krapfen. Die gefüllten Teigpäckli werden vor allem in der Innerschweiz geschätzt. Der bekannteste Krapfen ist der Zigerkrapfen.

In Unterwalden gibt es laut einer Inventarisierung von Obst- und Beerensorten aus dem Jahr 2005 mehr Birnen- als Apfelbäume, in Nidwalden sollen Birnenbäume an Zahl alle andern Obstbäume zusammen übertreffen. Es kann also keine Überraschung sein, dass die Ofenkrapfen mit Birne gefüllt werden. Der Nidwaldner Aloys Businger beschrieb 1836 in seiner historisch-geografischen Abhandlung über Unterwalden auch das Krapfenbacken: «Ofenkrapfen bestehen aus spanischem Teige, in kleine Vierecke gemodelt, mit einer Fülle von Birnenschnitz und Spezereien, werden im Ofen gebacken und sind gute Leckerbissen.»

Als spanischen Teig bezeichnete man früher Blätterteig. Heute beziehen die meisten Produzenten vorproduzierte Komponenten, so auch Birnenmusmasse, die sie dann nach ihren eigenen, wie immer geheimen Hausrezepten würzen – mit Zucker, Lebkuchengewürzen, Zitronensaft oder -schale, weiteren Aromen. Es gibt rautenförmige sowie länglich-schmale Ofenkrapfen.

In einem Haushalt ist Krapfenbacken eine aufwändige Angelegenheit, vor allem braucht es Zeit. Deshalb waren die Krapfen früher eher ein Festtagsgenuss als ein Alltagsgebäck, ausserdem gab es gedörrte Birnen in der kalten Jahreszeit. Wenn die Ofenkrapfen immer noch als klassisches Herbst- und Wintergebäck gelten, als feiner Happen für Älplerchilbi und Niklaustag, liegt das heute mehr am Traditionsbewusstsein der Konsumenten und weniger an der Verfügbarkeit der Zutaten.

— *Siehe auch: Zigerkrapfen, Seite 99; Rigibock und Hölloch-Chräpfli, Seite 125; Schwyzer Krapfen, Seite 126; Gubel-Krapfen, Seite 138; Brienzer Krapfen (Band 2), Landsgmendchrempfli (Band 3), Crèfli (Band 4), Beignets des brandons de Moudon (Band 5).*

Rosinenweggen und Rosinenkranz

Sonntäglich-festliches Gebäck aus Zopfteig mit Rosinen.

Der Klassiker aller Sonntagsgebäcke in der ganzen Schweiz ist der Butterzopf, ein edles Gebäck aus Weissmehl, Butter, Milch und etwas Salz – eine Geschmacksfrage ist die Zugabe von Eiern. In Unterwalden schätzt man eine Variation, den Rosinenweggen, der zur Advents- und Weihnachtszeit als Kranz angeboten wird. Der Rosinenweggen war einst auch ein Festtagsgebäck, doch seit die Konturen von Jahresrhythmus und Feiertagen verwischt werden, schneidet man den Weggen eben jeden Sonntag an.

Das älteste bekannte Rezept stammt von 1750, in ihm ist als Ingredienz noch Anis aufgeführt. Heute verzichtet man darauf; dafür nimmt man etwas Malz, das die Hefeentwicklung unterstützt und eine zusätzliche Geschmacksnuance in den Teig einbringt. Es ist ein normaler Zopfteig, in den man noch eine Handvoll Korinthen gibt (sie bleiben feuchter als Rosinen).

Der Teig wird portioniert, die einzelnen Stücke lässt man anschliessend ungewöhnlich lange aufgehen, die Stückgare dauert rund 16 Stunden bei etwa sechs Grad. Dank dieser langen Triebführung bei tiefen Temperaturen kann der Teig schön langsam wichtige Aroma- und Geschmacksstoffe ausbilden; ausserdem lassen sich gekühlte Teiglinge besser schneiden und formen. Denn das ist der nächste Schritt: Der Zopfteig wird wie ein Langbrot geformt (und nicht wie ein Zopf geflochten), es folgt nochmals eine halbe Stunde Stückgare, dann schneidet man ein Zickzack-Muster ein, das nach dem Backen eine schöne Verzierung gibt, wie eine Aneinanderreihung des Buchstabens Z.

Auch wenn sich der Rosinenweggen seit den 1950er-Jahren zu einem Ganzjahresgebäck entwickelt hat, erlebt er als Kranz vor allem am Chlaustag besondere Aufmerksamkeit. Zu Beginn des 20. Jahrhunderts spendierten Nidwaldner Bäcker am Tag des St. Nikolaus ihrer Kundschaft den Samichlausweggen. Der Brauch wurde 1912 abgeschafft, die Bäcker sollten, so das Verdikt, fortan wohltätigen Institutionen Geld spenden. Sehr zum Missfallen der Bevölkerung,

die ihrem Ärger per Leserbrief in der lokalen Presse Luft verschaffte. Den Rosinenweggen isst man mit Butter, Honig und Konfitüre, aber auch Emmentaler mit seinen nussigen Noten passt dazu.
— *Siehe auch: Zopf (Band 2).*

Zigerkrapfen

Frittierter Krapfen aus geriebenem Weissmehlteig, gefüllt mit einer süssen Zigermasse.

Das Wort «Krapfen» geht auf althochdeutsche Begriffe aus dem 9. Jahrhundert zurück *(siehe Ofenkrapfen)*. Nicht minder «alt», vor allem in der Zentralschweiz, dürfte die Herstellung von Ziger sein, dem fetten oder mageren Käse, der mit Säure und nicht mit Lab hergestellt wird. Da war es wohl nur eine Frage der Zeit, bis man Teigtaschen mit gewürztem Ziger füllte und in heisser, ausgelassener Butter frittierte. Für viele Innerschweizer, aber auch Zürcher und Ostschweizer, bedeutet der Zigerkrapfen die Krone der Krapfenkultur.

Im *Conditorei-Lexikon* von 1898 wird eine edle Füllung aus Ziger, Eiern, Zucker, Zimt, Rosinen und Mandeln beschrieben. Die Version im Kochbuch *Rezepte aus dem alten Uri* (1973) fällt mit Ziger, Zucker und Magenträs, einem Innerschweizer Gewürzzucker *(Seite 108)*, viel bescheidener aus; im Nidwaldner Kochbuch *Mässer, Gable, Leffelstiel* (1990) wird die Beigabe von Most und Kirsch empfohlen. Traditionell sind Zigerkrapfen ein Chilbi- und Fasnachtsgebäck, heute werden sie übers ganze Jahr angeboten.

Zuerst verreibt man kalte Butter mit Weissmehl, gibt Eier, Milch und Wasser sowie etwas Backpulver und Salz dazu, knetet den Mürbeteig nicht all zu lange und lässt ihn einen Tag lang in der Kälte ruhen. Der Ziger, den man von einem Käser beziehen kann, sollte etwas körnig sein, weder zu feucht noch zu trocken. Man walzt ihn etwas, damit er eine gewisse Feinheit erhält, gibt ihn in einen Mixer und dazu Zucker und Gewürze wie Zimt, Koriander und je nach Rezept allerhand mehr. Mit Milch kann man die Konsistenz der Zigermasse regulieren. Beim Zusammenbauen schneidet man eine

ÖPFELUFLAUF

APFELAUFLAUF NACH GROSSMUTTERART

Arbeitsaufwand: 30 Minuten
Backzeit: 30–40 Minuten

2 EL Butter
2 EL Mehl
2,5 dl Milch
1 Prise Salz
5 EL Zucker
½ Päckli Vanillezucker
3 Eigelb
3 Eiweiss
4–5 mittelgrosse, nicht verkochende Äpfel
Butter für die Form

Die Butter in einer kleinen Pfanne schmelzen, das Mehl darin dünsten, ohne dass es Farbe annimmt. Von der Kochstelle nehmen und mit der Milch glatt rühren, Salz beifügen und unter stetem Rühren zu einem steifen Brei kochen. — Wenn dieser etwas abgekühlt ist, nach und nach die mit 3 Esslöffel Zucker und Vanillezucker gut verquirltes Eigelb darunter mischen. — Zuletzt die zu steifem Schnee geschlagenen Eiweiss locker unter die Masse ziehen. — Eine niedere bis halbhohe Auflaufform gut ausbuttern, die Auflaufmasse einfüllen und die geschälten, halbierten und mit dem restlichen Zucker gesüssten Äpfel so in der Teigmasse anordnen, dass sie sich nicht berühren. Die Form darf nicht ganz gefüllt werden, da der Auflauf aufgeht. — Anschliessend bei schwacher Mittelhitze 30–40 Minuten backen. — Warm, am besten frisch aus dem Ofen servieren.

Teigschicht in circa zwölf Zentimeter breite Quadrate, gibt mit dem Dressiersack eine Portion Füllung auf eine Ecke und deckt sie zu, indem man die diagonal gegenüberliegende Ecke darüberzieht – und zwar so, dass keine Füllung herausschaut. Am Ende hat man ein Dreieck. Nach einer Ruhepause backt man die Krapfen in einer Fritteuse bei 170 bis 200 Grad etwa acht Minuten lang. Sie sollen aussen knusprig sein, die Füllung aber darf nicht zu sieden beginnen, sonst platzt das Ganze. Zigerkrapfen schmecken am besten frisch ab Fritteuse.

— *Siehe auch: Ziger, Seite 91; Rigibock und Hölloch-Chräpfli, Seite 125; Schwyzer Krapfen, Seite 126; Gubel-Krapfen, Seite 138; Brienzer Krapfen (Band 2), Landsgmendchrempfli (Band 3), Crèfli (Band 4), Beignets des brandons de Moudon (Band 5).*

Bätziwasser

Klarer Schnaps aus gedörrten Apfelstücken.

In Obwalden wird der Birne eine besondere Behandlung angediehen, warum nicht auch dem Apfel? Während man also Birnen als Ganzes dörrt und zum Dessert reicht, werden die Äpfel mit allem Drum und Drin gescheibelt, gedörrt und zu einem besonders exquisiten Klaren destilliert. Der Schnaps ist in andern Kantonen kaum verbreitet, sein Name indessen schon. Doch dieses andere Bätziwasser, bekannt zum Beispiel aus den Kantonen Bern und Solothurn, lässt sich eher mit Träsch vergleichen, mit oder ohne Birnenanteil, aber aus frischen Früchten gebrannt.

Früher verstand man unter Bätzi einfach Abfälle von Kernobst, die zu Schnaps gebrannt werden. Verschwendung gab es nicht, im Gegenteil, von einem Produkt wurde möglichst alles verwertet, nicht nur die Filetstücke. Apfelgehäuse samt Kernen wurden ausgelegt und gedörrt, eingemaischt und gebrannt.

Heute verarbeitet man ganze Früchte, ungeschält zerstückelt. Wenn sie trocken sind, füllt man sie in ein Fass, gibt Wasser dazu, um die verdunstete Flüssigkeit wieder aufzuwiegen, sowie Hefe, um den Gärprozess in Gang zu setzen. Die trockenen Stücke saugen wie Schwämme das Wasser auf, die Maische ist deswegen dicker als bei frischen Früchten. Da die Äpfel nur Flüssigkeit verloren haben, aber nicht die Aromen, bildet sich eine eigene, durchs Dörren akzentuiertere Geschmackswelt. Im Brenngerät kondensiert der Alkohol dank verschiedener Zwischenböden mehrmals, bevor er aus dem Kühler fliesst. Über das Geistrohr gelangt der Alkoholdampf in die verschiedenen Verstärkerkammern, wo er sich wieder verflüssigt. Mit 68 bis 75 Volumenprozent Alkohol tröpfelt das Destillat aus dem Kühler in einen Kessel. Dann kommt der Schnapsvogt vorbei, misst Menge und Gehalt und gibt das Produkt frei. Die Steuerrechnung folgt später.

Bevor das Bätziwasser in den Verkauf gelangt, wird es mindestens ein halbes Jahr gelagert, dann mit destilliertem Wasser auf die Trinkversion von gut 40 Volumenprozent verdünnt und schliesslich filtriert, um Trübungen auszumerzen, verursacht durch ätherische Öle in den Äpfeln. Dieser Schnaps wird bei besonderen Gelegenheiten getrunken, am besten pur, um dem Aroma die Ehre zu erweisen.

Orangenmost

Alkoholfreies, kohlensäurehaltiges Getränk aus Orangen- und Apfelsaft *(Abbildung Seite 88)*.

Die Geschichte dieses Getränks scheint eine kurze zu sein, ein Produzent in Beckenried bezeugt die ununterbrochene Herstellung von Orangenmost in seinem Betrieb seit 1956. Wahrscheinlich hat man aber schon früher begonnen, den importierten, eher teuren Orangensaft mit heimischem Apfelsaft zu strecken – dass dabei ein neuer, durchaus eigenwüchsiger Geschmack entstand, war nur willkommen. Für viele Nidwaldner bedeutet ihr «Beckenrieder Orangenmost» eine Art Nationalgetränk – egal, dass Orangenmost auch in der Ostschweiz produziert und konsumiert wird.

Vermutlich war Orangenmost früher weiter verbreitet als heute. Dass er sich in Nidwalden halten konnte, erklärt der Produzent mit der relativen Abgeschlossenheit seines Kantons. Jedenfalls führt dort Orangenmost das Segment der Orangengetränke an.

Die beiden Komponenten werden separat bereitgestellt. Das Orangenkonzentrat stammt vornehmlich aus Brasilien und Florida. Der Produzent verwendet Blut- und Blondorangen, um die Farbe modulieren zu können. Das Apfelkonzentrat stellt er aus heimischem Obst selber her. Die Konzentrate werden in einen Stahltank geleitet und darin mit Leitungswasser vermischt. Der Produzent kontrolliert die Zuckerkonzentration mit dem Refraktometer, einem Instrument, das den Zuckergehalt des Mostes mit Hilfe der Lichtbrechung optisch darstellt; es sieht aus wie ein kleines Fernrohr und wird auch im Weinbau verwendet. Wenn der Produzent mit Zuckergehalt, Geschmack und Farbe zufrieden ist, lässt er seiner Orangen-Apfel-Cuvée Kohlensäure zuführen. Nachher füllt man den Orangenmost in Flaschen ab, die anschliessend auf einem Wagen in den Pasteurschrank gefahren und 15 bis 30 Minuten lang pasteurisiert werden, bis allenfalls vorhandene Hefekeime abgetötet sind und keine Gärgefahr besteht.

Orangenmost ist populär in Nidwalden, für den Produzenten in Beckenried steht es an der Spitze seines Angebots. Seit er Orangenmost ausserdem in Halbliter-Bügelflaschen abfüllt, kommt das Getränk noch besser an – vor allem bei Kindern, die den Bügelverschluss ploppen lassen können wie die Erwachsenen beim Bier. Auf seinen Flaschen gibt der Produzent freilich nur 49 Zentiliter an statt 50. Dies deshalb, weil Orangenmost in der Flasche eine andere Ausdehnung als Bier hat und ein bisschen mehr Platz braucht.

Beckenrieder Orangenmost wird vor allem in Nidwalden konsumiert sowie in Obwalden und Uri. In der Ostschweiz heisst der Orangenmost je nach Fabrikant «Halb Halb» oder «Arbona».

Bauer und Herr, Pilger und Pater

Gewürze, Salz, Essig und Öl: Magenträs *(Seite 108)*

✻

Fleisch- und Wurstwaren: Bauernspeck *(Seite 109)*

✻

Käse- und Milchprodukte: Butter *(Seite 114)*, Schwyzer Käse *(Seite 117)*

✻

Getreide: Linthmaismehl *(Seite 120)*

✻

Konditorei- und Backwaren: Agathenringli *(Seite 122)*, Einsiedler Schafbock *(Seite 123)*, Rigibock und Hölloch-Chräpfli *(Seite 125)*, Schwyzer Krapfen *(Seite 126)*

✻

Getränke: Rosoli *(Seite 128)*

Es klingt etwas verwegen zu behaupten, der Kanton Schwyz sei ein Opfer der Mobilität. Sie hat, in Teilen zumindest, enormen Reichtum gebracht, aber auch Identitäten aufgerieben. Ein Auswärtiger glaubt seinen Ohren nicht zu trauen, wenn ihm ein Muothataler Urgestein erklärt, Ausserschwyz sei ganz anders als Innerschwyz. Schwyz ist ein komplexes Gebilde, gewachsen in einer langen Geschichte der Abhängigkeiten. Doch sind die Unterschiede nicht längst im Nebel stets neuer Trends, technischer und logistischer Erleichterungen, einer kulturellen und gesellschaftlichen Verbreiung verloren gegangen? Das geschieht nicht nur im Kanton Schwyz, fällt dort besonders auf, weil die Unterschiede besonders augenfällig waren. Im Buch *Schwyzer Bürinne chochid* (2003) sind auf einer Zeichnung sechs Symbole versammelt, die ein Ereignis prägen, das im ganzen Kanton gleichermassen freudig, aber nicht einheitlich zelebriert wird: die Fasnacht – mit *Wollerauer Hexe, Feuer vom «Underämache», Steiner Blätz, Hudi, Siebner Rölli* und *Einsiedler Tüüfel.*

Zwischen Vierwaldstätter-, Zuger- und Zürichsee, zwischen Rigi, Mythen und Kloster Einsiedeln erstreckt sich dieser Kanton, der im Gründungsmythos der Schweiz eine tragende Rolle spielt.

Ein klassischer Landkanton, mit erdverbundenen Bauern- und konservativen Edelfamilien, die sich aus der Landwirtschaft zur Befehlsgewalt emporgearbeitet, die regiert und als Militärunternehmer überzählige Bauernsöhne fremden Mächten vermietet haben, und im Genick eine Urgewalt, die *Sancta Ecclesia,* die mit der Hölle droht, wenn man sich ihr nicht unterwirft. Mahnmal und Machtzentrum der römischen Kirche war das 934 gegründete Benediktinerkloster Einsiedeln zu dem die Schwyzer ein ambivalentes Verhältnis hatten.

Geld wurde mit Viehzucht und -export sowie Milchwirtschaft und Söldnerwesen verdient, später kam das Textilgewerbe dazu, der Tourismus dank Rigi und Brunnen am Vierwaldstättersee, etwas Industrie, das Dienstleistungsgewerbe. Der Anteil der arbeitenden Bevölkerung am ersten Sektor ist heute marginal. Dafür klingeln die Kassen am Ufer des Zürichsees, wo die Bodenpreise einst so günstig waren, dass sich Zuzüger aus Zürich einfanden und als Pendler von einem massgeschneiderten Transportnetz profitieren.

Wie die andern Innerschweizer Kantone auch, hat Schwyz die Fühler früh über den Gotthard ausgestreckt. Viehhändler brachten Produkte aus dem Süden nach Hause, der Likör Rosoli ist ein schönes Beispiel. Die Küche blieb trotzdem eher einfach, zahlreiche Rezepte gehen auf keltische und alemannische Einflüsse zurück; die langen Fastenzeiten haben den Speiseplan geprägt, was sich in feinen Fischrezepten niedergeschlagen hat. Gebäck spielt eine bedeutende Rolle, zu festlichen Daten im Kalenderjahr wie Krapfen zur Fasnacht, oder als Pilgerproviant wie die Einsiedler Schafböcke.

Auf die Frage nach der kulinarischen Identität seiner Heimat nannte ein Freund aus dem Muotatal Käsesuppe und geräuchertes Fleisch – heute reichlich, früher wenig und von alten Tieren –, gedörrte Äpfel und Birnen, Kirschen und Kirsch, *Gummelimöcke und Magrone,* Kartoffelwürfel und Maccaroni, *Hafechabis* – oder doch nicht, da stehen wir schon auf der Axenstrasse und bewegen uns Richtung Uri.

Wie das Einfache zur Delikatesse wird, demonstriert Franz Wiget mit seinem *Gummelistunggis,* Kartoffelstock mit Trüffeln. Für alle gut erreichbar zwischen Ausser- und Innerschwyz, pflegt er in seinem Restaurant «Adelboden» eine wundervolle klassische Küche mit einheimischen Produkten. 2012 ist Wiget als erster Innerschweizer zum «Koch des Jahres» ernannt worden.

BACHFORÄLLE BLAU

BERGBACHFORELLE AUS DEM SUD

Arbeitsaufwand: 20 Minuten
Kochzeit: 30 Minten

Für 4 Personen
4 lebendfrische Forellen

Sud
3 l Wasser
3 EL Salz
1,5 dl weisser Essig
Einige weisse Pfefferkörner
100 g Tafelbutter

Alle Zutaten für den Sud 15–20 Minuten kochen lassen. — Die pfannenfertigen Forellen hineingeben und etwa 8–10 Minuten im Sud leise ziehen lassen. Die Butter erhitzen, hellgelb werden lassen und in einer kleinen Pfanne dazu servieren.

Anmerkung: Forellen aus sauberen Bergbächen oder Seen haben festes, nussiges Fleisch mit einem unvergleichlichen Aroma. Um sie zu kochen, bedarf es keiner Gewürze, ein ganz einfacher Sud genügt. Es ist auch schade, wenn man sie nach dem Zerlegen mit Zitronensaft beträufelt.

Magenträs

Gewürzzucker, der vor allem in der Innerschweiz gebraucht wird.

Magenträs taucht in diversen traditionellen Gebäckrezepten auf, wird aber auch einfach auf eine Butterschnitte gestreut. Es ist ein fein gemahlener Gewürzzucker mit exotischen Spezereien wie Sandelholz, Zimt, Muskat, Nelken und Ingwer. Sandelholz bringt eine gewisse Röte ins Gewürz. Die Füllung der Zigerkrapfen aus dem Urnerland wird mit Magenträs aromatisiert und schimmert deshalb etwas rötlich.

Gewürzzucker weist eine lange Geschichte auf. Gewürze aus dem Morgenland waren teuer und wurden deshalb eher als Medizin denn als Ingredienz für ein Gericht oder Gebäck verwendet. Der Begriff *Triät-* oder *Trietpulver,* die Wörter *Träs, Triät* und *Triet* lassen sich vom Wort *Trisenet* herleiten, was laut einem Apothekerlexikon aus dem 18. Jahrhundert ein «gröbliches Pulver» beschreibt.

In der Schweiz kennt man Gewürzzucker spätestens seit dem 16. Jahrhundert. Das weiss man dank Erwähnungen im *Idiotikon.* Wer sich damals die kostbaren Gewürze aus dem Morgenland nicht leisten konnte, setzte auf Ersatz. Eine im *Idiotikon* zitierte Quelle aus dem Jahr 1588 empfiehlt als heimische Alternative: «*Nime bülferet eichlen 1 lod, petersam 1 lod, mache darus ein dresin von zucar und gibs dem menschen yn, mit win*» – man nehme gemahlene Eicheln und Petersiliensamen, vermische sie mit Zucker und trinke das Pulver in einem Glas Wein.

Die Zurzacherin Dorothea Welti-Trippel listete in ihrem Kochbuch aus dem Jahr 1751 gleich acht Varianten von Träsent auf, die teilweise aus bis zu zwölf verschiedenen gestossenen Gewürzen bestehen und dem heutigen Magenträs ähnlich sind. Mit dem Ausbau der Verkehrswege und dank Sklavenarbeit in der Karibik verbilligtem Zucker wurden die exotischen Gewürze im 18. und 19. Jahrhundert erschwinglicher. Heute produzieren vereinzelte Apotheken in Schwyz und Zürich Magenträs sowie die Firma Landolt Hauser in Näfels, die als einzige den Gewürzzucker in grösseren Mengen als homöopathische Dosen herstellt.

Magenträs mag im Schatten der Gewürzparadiese in Thai-, Tamilen- oder Türkenläden etwas in Vergessenheit geraten sein. In *Downtown Switzerland* ist nicht ein *Red Thai Curry* exotisch, sondern die Triätschnitte aus dem Kanton Zürich, die der Volkskundler Conrad G. Weber in *Brauchtum der Schweiz* (1985) beschreibt als «raffinierte Variante der früher von zahnlosen Alten bevorzugten, in Wein getränkten Brotschnitten. Zwiegebacken soll die [mit Magenträs bepuderte] Triätschnitte nicht zu spröde und nicht zu weich sein, damit sie nach dem Übergiessen mit edlem Rotwein weder hart bleibt noch pampig wird». Für Marianne Kaltenbach bedeutete die Triätschnitte ein «richtig schönes, altmodisches Zürcher Dessert».

Mit Magenträs kann man auch einen Fruchtsalat aufpeppen, eine Fruchtwähe, eine Portion Schlagrahm oder eine Tasse Tee.
— *Siehe auch: Magenträs Trietold (Band 4).*

Fleisch- und Wurstwaren

Bauernspeck

Getrocknete und geräucherte Schweinebrust *(Abbildung Seite 112).*

Allein schon das Wort wirkt so vielstrahlig wie die Aromenwelt, die ihn zu einem finessenreichen Genuss erhebt: Speck. Da greifen sich die einen an die Hüfte, anderen träumen von einem Zvieriplättli. Da rattern im Hirn die Rädchen und zählen Kalorien und Cholesterinwerte, während Weiteren im Mund das Wasser zusammenläuft. Speck polarisiert. Wird verabscheut und verehrt, gemieden und – gesucht: Jenseits aller Massenware lassen sich auf dem Land und in ambitionierten Metzgereien Speckseiten finden, deren Geschmack die Landschaft eingefangen hat und das Tier ehrt, das vor dem letzten Gang ein glückliches war.

Es gibt allerhand Arten von Speck: rohen und gekochten, trocken gepökelten und in Lake aromatisierten, kalt oder warm geräucherten, dann Frühstücksspeck angelsächsischer Art (Edelvariante aus Kotelettstrang), Bauchspeck, Rückenspeck, grünen Speck (reines Fett), Salzspeck, Südtiroler Bauernspeck (Schlegel),

Kochspeck, Bratspeck, Lardo aus Italien und eben den Bauernspeck schweizerischer Art, auch Rohessspeck genannt. Zu Speck wird Fleisch von den Flanken, vom Bauch und vom Rücken verarbeitet; edlere Stücke sind die Ausnahme und in der Schweiz eigentlich nicht gebräuchlich.

Bauernspeck wird heute in industriellen Grossmetzgereien produziert, aber auch noch in gewerblichen Betrieben höher gelegener Regionen mit einem Klima, das den Prozess mit sauberer Luft und nicht zu starker Luftfeuchtigkeit unterstützt. Also in Graubünden, in der Innerschweiz, im Wallis, im Tessin, im Jura. Je feuchter ein Gebiet, desto nötiger das Räuchern, denn, so erzählt der Referenzmetzger im Muotatal, «der Rauch hält während der Trocknung die Bildung von Schimmel in Schach».

Früher hängten die Bauern das Fleisch, das sie konservieren wollten, einfach in den Küchenkamin. Der Platz reichte für die zwei, drei Schweine, die man im Spätherbst schlachtete. Im Freilichtmuseum Ballenberg kann man diese alte Methode im Haus von Madiswil anschauen und riechen, wie der Rauch aus dem Kochherd quillt und zur Decke hochsteigt, wo er Speckseiten und Würste streichelt, und sich durch Lücken und Ritzen ins Freie verzieht. Als sich die Schweinemast zu einem Einkommenszweig entwickelte, brauchte man mehr Platz.

Der Grossvater des Metzgers aus dem Muotatal legte das rohe Fleisch in eine Holzstande (Bottich), rieb es mit Salz und Pfeffer, Lorbeer und weiteren Gewürzen ein, legte ein Brett darüber und beschwerte es mit Steinen. Das Gewicht gab dem Speck die Form und half mit, dem Fleisch Saft zu entziehen. Nach etwa zwei Wochen hängte er die Speckseiten in einen Schrank. Unten zündete er *Sagete* an, Sägemehl, und räucherte nach alter Tradition. «Es hat gemottet und man bekam schwarze Hände», erzählt der Metzger, «man musste die *Sagete* etwas anfeuchten, damit der Rauch nicht zu heiss wurde, und immer wieder einmal neu anzünden.» Nach gut einer Woche im Rauchschrank wurde der Speck im Haus aufgehängt, wo er weiter trocknete.

Damals schlachtete und verarbeitete der Grossvater pro Woche drei bis fünf Schweine. Das Wursten dauerte einen ganzen Tag. Die Grosseltern waren Bauern, Metzger und Beizer. «Manchmal hat jemand geläutet und Landjäger gekauft, abgerechnet wurde mit derselben Kasse wie in der Beiz.» Die nächste Generation gab die Landwirtschaft auf. Heute gibt es nur noch die Metzgerei, wo in einer Woche rund 80 Schweine geschlachtet werden.

Die Tiere wachsen in der Umgebung auf, beim Pragelpass, im Bisistal, auf dem Stoos, in Illgau, «die Anfahrt soll nicht länger als eine halbe Stunde dauern». Der Bauernspeck stammt von der Brust der Sau, es gibt also pro Tier zwei Hälften an je gut 3,5 Kilo Fleisch. Der Speck sollte gut durchzogen sein, nicht all zu fett, aber auch nicht nur mager. Am Ende des Konservierungs- und Veredelungsprozesses werden die Speckseiten durch Wasserentzug die Hälfte ihres ursprünglichen Gewichtes verloren haben. Nach dem Schlachten wird das Fleisch eine Woche bei Temperaturen um den Nullpunkt abgehangen. Dann erst schneidet der Metzger die beiden Brustteile heraus und entfernt Schwarte, Knorpel und Knochen. In der Pökelmaschine nehmen die Speckseiten Geschmack auf, intensiviert durch Vakuumieren des Behälters: Der Unterdruck presst die Gewürze sozusagen ins Fleisch. Nach einem Tag lässt man es zehn Stunden lang ruhen, damit Bakterien die Geschmacksbildung ankurbeln können.

In der Rauchkammer werden die Speckseiten über Nacht kalt und intensiv geräuchert, anschliessend hängt man sie in den Trocknungsraum und lässt sie dort während drei bis vier Wochen weiter Flüssigkeit abgeben. Der Raum wird regelmässig mit Rauch beschwallt. Dank einer Klimaanlage können die Metzger auch bei hohen, sommerlichen Aussentemperaturen räuchern und trocknen. Ideale Bedingungen sind zehn bis zwölf Grad und etwa 75 Prozent Luftfeuchtigkeit.

In den hochalpinen Regionen ist die Luft trockener, da kann man aufs Räuchern verzichten. Zu trocken darf es allerdings auch nicht werden, sonst verhärtet und verschliesst sich die Oberfläche des Fleisches und lässt keine Feuchtigkeit mehr entweichen. Das Fleisch beginnt von innen her zu verderben.

Die individuellen Würzmischungen und das ausgesuchte Holz erzeugen geschmackliche Unterschiede; auch die Landschaften und ihre Klimata tragen dazu bei, dass sorgfältig produzierter und gereifter Bauernspeck eine Delikatesse werden kann. Über solchen Speck können Feinschmecker stundenlang diskutieren, Adressen

Einsiedler Schafbock *(Seite 123)*, Rosoli *(Seite 128)*, Bauernspeck *(Seite 109)*,
Butter *(Seite 114)*

austauschen und die besten Produzenten so geheimhalten wie diese ihre Würzkompositionen. Am besten schmeckt dieser Speck in lange, dünne Tranchen geschnitten oder auch in kurze, dickere Stücke. Dazu passen Brot oder geschwellte Kartoffeln, ein kühles Bier oder ein kerniger Landwein. Die Schwarte kann man in einer Tomatensauce oder einem Eintopf mitkochen lassen, sie gibt Aromen ab. Im *Idiotikon* lassen sich auch Ratschläge zu medizinischen und magischen Zwecken finden: *«Gsalzner Speck ist guet für den Herzbrönner»*, *«gegen Husten und Brustleiden reibt man Brust und Rücken mit rohem Speck in»* (und schaut, dass weder Hund noch Katze in der Nähe sind), und Hühnerzüchter sollen in der «alten heiligen Nacht zwischen 11 und 12 Uhr den Hühnern Speck zu fressen geben; dann sind sie im nächsten Jahr vor dem Habicht sicher».

Käse- und Milchprodukte

Butter

Edler, streichfähiger Fettstoff aus Milch oder Rahm *(Abbildung Seite 112)*.

Die Basis der Kochausbildung in der Schweiz ist die französische Küche, und deshalb ist es nicht falsch und schon gar nicht überflüssig, einmal mehr dem grossen Fernand Point (1897–1955), in Vienne Erneuerer der französischen Kochkunst nach Auguste Escoffier, die Reverenz zu erweisen und sein legendäres Diktum zu memorieren: *Beurre beurre, donnez-moi du beurre! Toujours du beurre!* – Butter, immer nur Butter!

Dem Lehrling wird beigebracht, wie er eine Sauce «aufmontieren» soll: mit Butterflocken. Das funktioniert eben nicht mit Öl, denn Butter ist ja kein hundertprozentiges Fett, sondern enthält neben 82 Prozent Milchfett noch Wasser und weitere Bausteine: Milchzucker, Mineralstoffe, Cholesterin, Proteine, fettlösliche Vitamine, Milchsäure und Aromastoffe. Dies alles lässt sich durch Schlagen und Klopfen aus dem Milchrahm lösen und zu einem grandiosen Lebensmittel von eleganter Konsistenz und zarter Geschmeidigkeit verbinden. Schon Rahm, in dem sich das Fett aus der Milch auf der Milch sammelt, wirkt in der Küche wie ein Zaubermittel, das Saucen bindet, sie mildert, wenn der Koch überwürzt hat, Suppen zu sämiger Wohligkeit verhilft oder in geschlagener Form, in der Übergangsphase vom flüssigen Rahm zur festen Butter, als Verfeinerer und Geschmacksverstärker Cremen, Kuchen und Eiskugeln zu verführerischen Auftritten verhilft. Rahm und Butter sind in bestem Sinne *la crème de la crème.*

Wer wo die erste Butter produziert hat, weiss man nicht. Es könnte sehr wohl ein Mensch auf Wanderschaft gewesen sein, der bei einer Rast seinen Durst stillen wollte und feststellen musste, dass aus der Milch ein Klumpen geworden war – der freilich wundervoll schmeckte. Beim Buttern wird der Rahm geschlagen, traditionell in einem hölzernen Butterfass, in dem eine flache Kelle von aussen mit einer Kurbel gedreht wird. Das Schlagen lässt die Hüllen der Fettkügelchen des Milchfetts platzen, das Fett tritt aus und verbindet sich untereinander. Durch Kneten presst man aus der Butter weiter Flüssigkeit (Buttermilch). Nachher formt und portioniert man die Butter, traditionell in einem hölzernen Model mit Motiv, und wickelt sie in lichtundurchlässiges Material wie Alufolie ein.

Im Alpengebiet dürften die Kelten mit Buttern begonnen haben. Von da an gehörte Butter zur Viehwirtschaft wie Käse. Butter war zum raschen Verzehr bestimmt, Käse konnte reifen. Man liess sich allerhand einfallen, um die Haltbarkeit der Butter zu verlängern, man vermischte sie mit Salz, bewahrte sie gut verpackt in kalten und dunklen Ecken auf, denn neben Wärme ist Luft der schlimmste Feind der unpasteurisierten Butter, weil sie durch Oxidation ranzig wird.

Heute kann man sich überhaupt nicht mehr vorstellen, dass Butter einst ganz unterschiedlich geschmeckt und gerochen hat. Je nach Art der Milch, der Zubereitung, der Lagerung gab es ein anderes Produkt. Auch war ihre Farbe unterschiedlich, im Sommer gelblich, im Winter bleich; im Sommer frassen die Kühe frisches Gras, im Winter Heu und Emd. Dank Kühlmöglichkeiten aller Art, lichtundurchlässigen Verpackungen und weiterer Technologie werden wir heute landesweit einheitlich zugebuttert – mit leicht süsslicher Vorzugsbutter aus Milchrahm oder mit (Koch-)Butter aus Vorzugs- und leicht säuerlicher Sirtenrahmbutter (Käsereibutter), die nach dem

Käsen aus der verbleibenden Sirte produziert wird. Die eine oder andere regionale Spezialität kann diesem pasteurisierten Einheitsbrei bestenfalls Farbtupfer verleihen.

Wer erfahren möchte, wie frische, unpasteurisierte Butter schmeckt, muss sich schon auf eine Alp bemühen. Wenn man bei Käselaiben stets das erstklassige Futter lobt, die enorme Biodiversität, den hohen Kräuteranteil im Alpengras, dann trifft dies auch für die Butter zu. Die erlesensten Leckerbissen hielt mancher Senn in dichterischen Eselsbrücken fest. Ein Beispiel: *«Romeye, Muttern und Adelgras – das Beste, was Chüeli frass»* (gemeint sind Alpenrispengras, der «Kaviar» der Kühe, Mutterwurz und Alpenwegerich).

Gräser und Leguminosen in der Ebene, Kräuter auf den Bergen. Dies ist, etwas vereinfacht ausgedrückt, das Resultat einer Studie der eidgenössischen Forschungsanstalten von Liebefeld und Changins zu Beginn der 2000er-Jahre. In Posieux auf 600 Meter Höhe über Meer wurden sechs Futterpflanzenarten gezählt, und zwar 53 Prozent Gräser, 47 Prozent Leguminosen, null Prozent Kräuter; in Montbovon auf 1250 Meter über Meer 54 Arten, 63 Prozent Gräser, sieben Prozent Leguminosen, 27 Prozent Kräuter; in Etivaz auf 2120 Meter über Meer 56 Arten, 39 Prozent Gräser, elf Prozent Leguminosen, 43 Prozent Kräuter.

In einer neueren Langzeitstudie (2012) am Inselspital Bern in Kooperation mit der Forschungsanstalt Agroscope Liebefeld-Posieux soll herausgefunden werden, wie Alpenkräuter via Milch und Butter die Gesundheit beeinflussen. Milch hat ja manchmal einen zwielichtigen Ruf, sie soll zu cholesterinhaltig sein und über falsche Fette verfügen. Doch Milch aus Alpenkräutern enthält viel positive ungesättigte Omega-3-Fettsäuren und Linolsäuren, mehr als Talmilch. Untersucht wird, wie sich diese Fettsäuren auf den Organismus auswirken, denn «wie kann etwas schlecht sein, das seit Jahrtausenden getrunken wird und Kinder ernährt?».

Trotz aller Kühlketten, die ständig auf Achse sind, findet man im Unterland, in Städten und Agglomerationen nur selten unpasteurisierte Alpenbutter. Es ist erstaunlich, dass man ein solches Luxusprodukt einfach ignoriert. Die Butter ist Opfer von Zeitgeistängsten wie molligen Körpern, verstopften Adern und anderen Phobien geworden.

Glücklicherweise gibt es Alpen, wo das Butterfass nicht unter Spinnenweben verkümmert. Und wo man, wie zum Beispiel im Muotatal, genau weiss, was der Walliser Koch und Küchenlehrer Joseph Favre meinte, als er in seinem *Dictionnaire universel de cuisine pratique* (1894) bedauerte, dass der Alpenrahm fast nur noch zu Käse verarbeitet wurde: «*L'humanité entière y gagnerait le meilleur beurre du monde*», die ganze Menschheit verdiente die beste Butter der Welt.

Schwyzer Käse

Vollfetter Hartkäse aus Rohmilch.

Die Geschichte vom Schwyzer Käse hört sich an wie eine Parabel über die Modernisierung der Landwirtschaft. Bis weit ins 19. Jahrhundert wurde auch im Kanton Schwyz nur auf der Alp gekäst – die anfallende Milch musste schliesslich konserviert werden (siehe Nidwaldner, Obwaldner Käse). Der Senn konnte nicht lange warten, so fabrizierte er je nach Anzahl der Kühe täglich Käse von fünf bis sieben Kilo Gewicht. Jeder Laib war ein Unikat, weil man weder regionale Sorten noch bestimmte Bakterien-Stammkulturen kannte.

Das begann sich zu ändern, als Sennen bereits im Frühling Käse herstellten. Auf den Alpen lag noch Schnee, das Vieh weidete im Tal, gekäst wurde auf dem Hof. Mit der Zeit kaufte der eine und andere Senn Milch dazu, es entstanden eigentliche Molkereibetriebe. Nun liessen sich auch grössere Laibe für den Export pressen, gut 30 Kilo schwer: Zoll wurde nach Stück und nicht nach Gewicht berechnet. Die Alpkäser verzichteten aufs Exportgeschäft, blieben sich und ihrer Alp treu und stellten von Hart- auf Halbhartkäse für den regionalen Markt um. So gerieten sie etwas in Vergessenheit.

Im Tal dagegen wurde die Milchleistung der Kühe durch effizientes Aussäen und neue Düngemethoden und -mittel gesteigert, Käse konnte nun während des ganzen Jahres produziert werden. Dank «entsprechenden Vorschriften, standardisierten Ausbildungsformen und wissenschaftlichen Entwicklungen zur Beeinflussung und Kontrolle der Fabrikationsprozesse», wie Peter Moser im Buch

MÄRCHLER CHÄSSOPPE

KÄSESUPPE NACH MÄRCHLER ART

Einweichen: 1 Stunde
Arbeitsaufwand: 20 Minuten

Für 4 Personen

300 g altbackenes Brot
1 l heisses Wasser oder Bouillon
1 Zwiebel
2 EL Butter
200 g Käse, gerieben

Zwiebelschwitze

1 grosse Zwiebel
2 EL Butter

Das Brot in Würfel schneiden und in heissem Wasser oder Bouillon eine Stunde einweichen. — Gut abtropfen lassen, Brühe aufbewahren. — Die Zwiebel fein hacken und in Butter 2–3 Minuten dünsten. — Das Brot beigeben und unter Rühren kurze Zeit leicht anrösten. Mit dem Kartoffelstössel zerstampfen. — Etwas Brotbrühe dazugeben. Den Käse unter das Brot mischen. Aufkochen, bis der Käse schmilzt. — Die Käsesuppe darf dick, aber nicht trocken sein. — Die Zwiebel in Ringe schneiden und in Butter hellbraun braten. Die Zwiebelschwitze über die Käsesuppe geben.

Milch für alle (2007) schrieb, wurde auch der Schwyzer Käse, der fast gleich wie Gruyère gemacht wird und auch fast so schmeckt, eine einheitliche Käsesorte. Laut einer eidgenössischen Betriebszählung aus dem Jahr 1929 gab es damals im Kanton Schwyz 84 Käserei- und Molkereibetriebe mit 203 Beschäftigten. 2008 waren es noch fünf Talkäsereien.

In der zweiten Hälfte des 20. Jahrhunderts trat die staatliche Käsevermarktung auf den Plan, die Käseunion. 1948 gegründet, kaufte sie die gesamte Produktion von Emmentaler, Gruyère und Sbrinz auf und vertrieb sie zu Preisen, die vom Bundesrat festgesetzt wurden. 1999 wurde diese Mega-Subventionsmaschinerie aufgelöst. In dieser Zeit «wäre unser Käse beinahe verkümmert», beschreibt ein Schwyzer Käseinspektor die schwierige Situation jener Käser, deren Ware nicht im Angebot der Käseunion figurierten – der ganze immense Reichtum an Käsevielfalt, der sich im Verlaufe der Jahrhunderte in der Schweiz gebildet hatte.

Mit Beginn des 21. Jahrhunderts hat sich der Fokus der Konsumenten wieder auf das heimische Schaffen gerichtet. Originalität und Regionalität sind gefragt, Deklarationen erwünscht nicht allein der Inhaltsangabe wegen, auch das Produkt – nicht nur Käse – soll eine Identität haben, die sich mit intakter Landschaft und gesunder Lebenshaltung verbinden lässt. Der Schwyzer Käse fand wieder ins Geschäft zurück.

Produziert wird Schwyzer Käse mehr oder weniger wie Gruyère. Der Unterschied liegt in den verwendeten Milchsäurebakterien – da gibt es eine eigene Schwyzer Stammkultur. Rohmilch ist selbstverständlich, denn «mit pasteurisierter Milch bekommt man keinen so aromatischen, breiten Käsegeschmack», erklärt der Schwyzer Käseinspektor. Im Keller werden die Laibe mit Salzlake geschmiert. Diese Methode wird auch bei andern Käsesorten angewandt, beim Schwyzer Käse und beim Gruyère aber intensiver.

Nach drei Monaten kann man Schwyzer Käse anschneiden. Er ist noch mild, wird aber mit jedem weiteren Monat bei idealen Lagerbedingungen (bis 18 Grad, hohe Luftfeuchtigkeit von gut 90 Prozent) würziger, vollmundiger, rezenter. Die Flora, die sich durch das Schmieren auf der Käserinde bildet, besteht aus Bakterien, Hefe und erwünschten Schimmelpilzen; sie baut Milchsäure ab, fördert die Aromaentwicklung, unterstützt die Rindenbildung und schützt den Käse vor Verschimmelung und andern unerwünschten Mikroorganismen. In Lagerkellern, wo Käse mit Schmiere reifen, hängt ein typischer, deutlicher Ammoniakgeruch.

— *Siehe auch: Nidwaldner Alpkäse, Seite 83; Obwaldner Alpkäse, Seite 85; Sbrinz, Seite 87; Gruyère (Band 2 und Band 5).*

Getreide

Linthmaismehl

Mahlprodukt aus Mais, der im Linthgebiet angebaut wird.

Mais gehört zu den Nahrungsmitteln, die dank der Entdeckungsreisen der Spanier aus der Neuen in die Alte Welt gebracht wurden. Anders als Kartoffel und Tomate, Schokolade oder Vanille, hat sich Mais in der Schweiz nicht besonders eindrücklich durchgesetzt – auch wenn heute ganze Landstriche mit Futtermais-Plantagen übersät sind. Kulinarisch indessen hält sich der Erfolg in Grenzen. Das bekannteste Gericht ist die Tessiner Polenta, manchmal knabbert man an einem gerösteten Maiskolben. Aber sonst? Da gibt's noch den Ribel, eine Ostschweizer Version der Polenta: Mittelfein gemahlenes Linthmaismehl oder Ribelmais aus dem Rheintal *(siehe Band 3)* lässt man mit Milch und etwas Salz mindestens drei Stunden lang quellen, dann gibt man den Brei mit Butter in eine Bratpfanne und röstet das Ganze. Angerichtet wird der Ribel mit Zwetschgenkonfitüre oder Holundermus, oder auch bloss mit Zucker bestreut.

Mais, einst ein simples Gras, ist ein Getreide, das längst nicht mehr nur in der Küche verwendet wird, sondern für eine Unmenge weiterer Produkte. Die kanadische Anthropologin Margaret Visser schreibt dazu: «In einem nordamerikanischen Supermarkt gibt es nichts, was nicht in irgend einer Weise mit Mais in Berührung gekommen wäre – abgesehen von Frischfisch, und selbst der wurde höchstwahrscheinlich in Kisten angeliefert, deren Material teilweise aus Mais besteht. Fleisch ist zum grössten Teil Mais. (...) Tiefkühlfleisch und -fisch wird zum Schutz vor Austrocknen mit einer hauchdünnen Schicht Maisstärke überzogen. (...) Jeder Karton, jede Verpackung, jeder Plastikbecher enthält Maiserzeugnisse» (*Mahlzeit! Von den Erfindungen und Mythen, Verlockungen und Obsessionen, Geheimnissen und Tabus, die mit einem ganz gewöhnlichen Abendessen auf unseren Tisch kommen,* 1998).

Maisöl und Maisstärke findet man in unzähligen Errungenschaften des Machbarkeit-Sturmlaufs der letzten 100 Jahre. Visser weiter: «Die moderne Maiswirtschaft erhielt entscheidende Impulse von der industriellen und der technologischen Revolution, deren Vertreter in vielen Fällen Amerikaner waren und bei ihren Erfindungen – ob Antibiotika oder Schmiermittel für Tiefbohrung, ob Zündkerzenisolatoren oder Konservierungsflüssigkeit – auf den Grundstoff zurückgriffen, der ihnen so reichlich zur Verfügung stand. Dieses Material war die Frucht des Grases, das die Indianer Mais nannten. Mais bedeutet je nach Sprache ‹Unsere Mutter›, ‹Unser Leben›, ‹Unsere Ernährerin›.»

Um in Zentraleuropa definitiv Wurzeln zu schlagen, brauchte es für den Mais den Umweg übers Morgenland. Via Italien, wo der Mais *grano turco* genannt wurde, Türkenkorn, gelangte er im 17. Jahrhundert ins Rheintal und ins Linthgebiet, das die Schwyzer Bezirke March und Höfe umfasst, die St. Galler Bezirke See und Gaster sowie das Glarner Unterland. Erste Erwähnungen stammen aus *Gemälde der Schweiz. Der Kanton Schwyz* von Gerold Meyer von Knonau (1835): «In der March sind Spelt (Dinkel), Weizen und Gerste die Haupterzeugnisse, etwas Türkenkorn wird erzielt, alle übrigen Getreidearten sind daselbst grösstentheils unbekannt.»

Die Linthebene, einst ein Sumpfgebiet, hat schwere, wässrige Böden, da gedeiht nicht alles. Dinkel und Mais ertragen die Umstände besser als Weizen. Nach der Einführung des Türkenkorns entwickelten Dörfer, ja einzelne Bauernfamilien ihr eigenes Saatgut. Daraus resultierte eine reiche genetische Vielfalt, die zur eigenständigen Sorte Linthmais führte. Der wachsende Anbau von Futtermais brachte den Linthmais in den 1980er-Jahren zum Verschwinden, doch bereits zehn Jahre später machte sich ein Landwirt aus Tuggen (Schwyz) auf die Suche nach der verlorenen Art. Er wurde fündig bei einer Saatgutfirma. Bald darauf konnte der Bauer erstmals ernten, der Mais wurde zu Mehl vermahlen. Um 2000 bauten bereits sieben Bauern auf acht, neun Hektaren wieder Linthmais an; sie schlossen sich im Verein Linthmais zusammen. Komplett original sind die neuen Sorten nicht, sondern mit andern vermischt. Aber auch die alte Sorte musste einst durch Kreuzungen Boden und Klima angepasst werden.

Bei der Verarbeitung wird die äusserste Schale des Maiskorns eliminiert. Wie beim Rheintaler Ribel wird auch beim Linthmais der Keimling nicht entfernt; es gibt drei Mahlfeinheiten. Mit Linthmais kann man Brot backen, Ribel braten, Teigwaren herstellen oder, wie in Einsiedeln, Bier brauen.

— *Siehe auch: Ribelmais (Band 4), Rheintaler Ribel (Band 3), Farina bóna (Band 4).*

Konditorei- und Backwaren

Agathenringli

Geweihtes Brot, das vor Feuer schützen soll.

Beim Agathabrot handle es sich «um eine noch vielerorts bekannte Form des Brotopfers», schreibt Conrad G. Weber in *Brauchtum in der Schweiz* (1985).

Am 5. Februar, dem Tag der heiligen Agatha, segnet der Pfarrer in katholischen Landen wie Freiburg, Innerschweiz und Appenzell Innerrhoden das Agathabrot, das ausser in Schwyz, Einsiedeln, Uri und Plaffeien (Freiburg) ein ganz normales Brot ist.

Agatha lebte auf Sizilien und weigerte sich, dem Christentum abzuschwören und den römischen Statthalter Quintianus zu heiraten, der noch an die antike Götterwelt glaubte. Der Herrscher liess ihre Brüste abschneiden. Sie blieb standhaft und wurde zu Tode gefoltert. Am Jahrestag ihres Todes brach der Vulkan Ätna aus. Die Einwohner von Catania versuchten die heranwälzenden glühenden Lavamassen mit Agathas Schleier zu stoppen. Es half. Seither wird Agatha als Heilige verehrt, als Patronin gegen Feuersbrunst, als Schutzpatronin von Catania, der Feuerwehren, Glocken- und Erzgiesser, Goldschmiede, Berg- und Hochofenarbeiter, Glasmacher, Weber und Ammen.

In der Schweiz datiert die früheste Erwähnung eines Brotsegens am Agathatag aus dem Jahr 1466. Das Agathenbrot wird in einer Auflistung der Ausgaben des Klosters Klingenthal zu Basel aufgeführt. «Als Mittel gegen Feuer und Brand wird das Agathabrot zuerst 1516 erwähnt. Es wird in die Flammen geworfen», steht im *Handwörterbuch des deutschen Aberglaubens.* Die erste Erwähnung in Schwyz geht aufs Jahr 1933 zurück, und in Einsiedeln stelle man, so die Erinnerung eines Bäckers, erst seit Mitte der 1970er-Jahre Agathenringli her.

In Einsiedeln knetet man für das Agathenringli einen Zopfteig *(siehe Zopf, Band 2)* und in Schwyz einen Mütschliteig *(siehe Schlumbergerli, Band 2)*. Für die Schwyzer Version formt man einen Teigstrang, bildet damit einen Kreis und fügt ihn an beiden Enden zusammen; die matte Oberfläche erhält vier Einschnitte. Das Einsiedler Ringli ist geflochten und glänzt dank zweifachem Eianstrich. Die Ringbrote haben einen Durchmesser von 14 bis 15 Zentimetern und sind etwa drei Zentimeter hoch.

Agathenbrot soll man nicht verschlingen. Man dürfe keine Brösmeli machen, erzählt eine Bäckerin, weil es gesegnet sei. Ohnehin hängt man das Agathenbrot besser auf, zumeist im Hauseingang. Dort soll es ein Jahr lang vor Feuersbrunst schützen, und ist das neue Ringli gebacken und gesegnet, wirft man das alte nicht in den Abfall, sondern übergibt es den Flammen.

— *Siehe auch: Agathabrot (Band 3), Agathabrötli (Band 5).*

Einsiedler Schafbock

Kreiselartiger Honigkuchen ohne Füllung *(Abbildung Seite 112)*.

Die Benediktinerabtei im Hochtal des «Finsteren Waldes» wurde im Jahr 934 gegründet, als Wallfahrtsort Maria-Einsiedeln sind Kloster und Dorf weltberühmt geworden. Millionen von Pilgern haben die Schwarze Madonna in der Kirche besucht, haben auf dem Jakobsweg Richtung Santiago de Compostela in Einsiedeln einen Etappenhalt eingeschaltet, haben gebetet und gebüsst, gegessen und getrunken. Jahr für Jahr reisen weiterhin Tausende nach Einsiedeln.

Vor zwei-, dreihundert Jahren muss die Szenerie einschüchternd gewesen sein: Die gewaltige Klosterfassade mit den Kirchtürmen, darunter der weit gesteckte, abfallende Platz und zu Füssen der Macht Gottes das Dorf, bewohnt von Bauern und Handwerkern, die sich eine Scheibe vom Pilgerwesen abzuschneiden erhofften. Die Wallfahrer mussten versorgt werden, auch wenn die meisten kaum auffallend reich waren. Um das Ganze mit Stil und frei von Aufdringlichkeit geschehen zu lassen, gab es schon früh Krämerordnungen. Und Produkte wie das Schäfli, ein Honiggebäck für einfache Ansprüche, das mit der Zeit zum Bock wurde – so heissen die Schäfli seit dem 19. Jahrhundert.

Die Einsiedler Schafböcke dürften eines der ältesten Wallfahrtsgebäcke der Schweiz sein. Den Teig rührt man mit Mehl und Wasser, Zucker und Honig an und gibt wenig Zimt und Nelkenpulver dazu. Der Teig wird portioniert und gewogen, nachher formt man aus jeder Portion eine Stange und teilt sie erneut. Die Stücke werden in zweiteilige Holzformen gedrückt, damit sie das Motiv aufnehmen, das ihnen den Namen gab, ein sitzendes Schaf: *Agnus Dei,* Lamm Gottes. Die fertigen Böcke werden mit Oberhitze gebacken, so färben sie sich aussen braun und bleiben innen hell.

Ihre früheste bekannte Erwähnung findet sich in einer Krämerordnung von 1631, aber die Annahme liegt nahe, dass das Schäfli weitaus länger eingebürgert war. Die Krämerordnung regelte den Verkauf, die Zahl der «Schäfli-Leute» war beschränkt, die Bewilligungen, die Schäfli in Klosternähe verkaufen zu dürfen, wurden alljährlich verlost. Neben den Schafböcken durften die Händler auch Schnaps verkaufen (verständlich, die Böcke sind ziemlich trocken), allerdings nicht in rauen Mengen, so das Reglement: Die Schäfli-Leute sollten weder Fremden noch Einheimischen mehr Branntwein verkaufen *«als der Natur gebührend ist, damit niemand sich fülle»*. In einer Verordnung von 1688 tritt Jugendschutz auf, keine *«jungen Meyttlin»* sollten Schafböcke verkaufen, auch wurde gemahnt, weder zu rufen noch zu singen. In einer Verordnung von 1746 gibt es keine Schäfli-Läden mehr, sie sind nach dem Dorfbrand und der Neuordnung der Kramgasse mit den Lebkuchenläden vereint worden.

Der Verkauf von Lebkuchen im Pilgerbezirk war vorher verboten. Heute kann man sich in Einsiedeln aus einer ganzen Palette von Wallfahrtsgebäck eindecken, das vor allem als Andenken und Mitbringsel gekauft wird. Braune Lebkuchen aus Honigteig und weisse aus Eierteig, beide mit einer Mandelmasse gefüllt, dann Chräpfli, Schlangen (ein Symbol der Unsterblichkeit), Fischli und Herzli. «Die Herstellung von Wallfahrtsgebäck ist sicher einer der ältesten Erwerbszweige unseres Pilgerdorfes», steht im Informationsblatt einer Bäckerei.

Rigibock und Hölloch-Chräpfli

Gebäcke aus Mürbeteig mit Nussfüllung.

Beide Süssigkeiten sind fast identisch; sie gehören zu den Krapfen, einer alten und variantenreichen Gebäckfamilie *(siehe Ofenkrapfen, Seite 96)*. Der Unterschied zwischen den beiden liegt in Ort und Alter: Den Rigibock gibt es länger, kreiert am Fusse oder auf dem Gipfel der Rigi; das Hölloch-Chräpfli hat ein Aargauer geschaffen, der in den 1940er-Jahren in Muotathal ein Geschäft übernommen hatte. Der Name preist das Hölloch bei Stalden, mit 200 Kilometern Gesamtlänge und 939 Metern Niveaudifferenz das zweitlängste Höhlensystem Europas und das achtgrösste der Welt.

Der Gebäck-Experte Albert Spycher beschrieb in seinem Buch über Ostschweizer Lebkuchen den Rigibock in der Tradition der Wallfahrtsgebäcke: «An die einstmals lebhafte Wallfahrt nach Rigi-Klösterli zur Gnadenkapelle ‹Maria zum Schnee› erinnern die (...) ‹Rigi-Tüüfel› (...) und die ‹Rigi-Böcke›.» Der Autor stellte auch einen Zusammenhang her zwischen den Modelmotiven, Schafen. Doch der Rigibock enthält eine Füllung, der Einsiedler Schafbock keine.

Die zweite Erklärung fusst auf einer Legende. Laut einem Text, den der heutige Produzent seinen Rigiböcken beilegt, formte Mitte der 1870er-Jahre ein Senn beim Kücheln für die Rigichilbi, das jährliche Älplerfest, aus Restteig eine Figur mit Hörnern. Er bezeichnete sie als Schafbock und schnitzte aus zwei Hölzern den passenden Model dazu. Seine Böcke verkaufte er an diversen Älplerchilbis. Die Wirtin einer Alphütte auf Rigi-Kulm, die ihren Gästen Milch,

Brot und Lebkuchen servierte, bat einen Konditor in Arth, für sie solche Schafböcke zu backen. Es entstand ein Rigibock aus Mürbeteig mit Mandelfüllung.

Für Rigibock und Hölloch-Chräpfli knetet man aus Butter und Mehl, Eier und Zucker sowie Backpulver, Zitronat und manchmal Zimt einen Mürbeteig, den man in die Model drückt. Die Füllung besteht heute aus (teils gerösteten) Haselnüssen, Zucker, Wasser und Schraps (getrocknete Brösel von Süssgebäcken). Nachher deckt man mit dem zweiten Teil des ausgewallten Teigs die Böcke zu, nimmt sie aus der Form und lässt sie ruhen, damit das Motiv auf der Oberseite antrocknen, verkrusten kann: So bleibt auch nach dem Backen ein schön geformtes Bild gut erkennbar. Der deutlichste Unterschied zwischen Rigibock und Hölloch-Chräpfli liegt im Modelmotiv: ein liegender Schafbock auf dem einen Gebäck, auf dem andern ein Strichmännchen, das aus einer Höhle tritt.

Gebäcke dieser Art sind typisch für die Innerschweiz. Es gibt gewiss mehr Bezeichnungen als Füllungen. Reisende schätzen (nicht nur in der Innerschweiz) kulinarische Souvenirs mit Haltbarkeit. Sie werden seit den Anfängen des Tourismus mit Erfolg feilgeboten. «Schon im 19. Jahrhundert kam es zu einer gewissen Kommerzialisierung», schrieb der Historiker Albert Hauser, «zu einer Verbindung geschäftlicher Rührigkeit mit wiedererwachtem Heimatbewusstsein» *(Das Neue kommt. Schweizer Alltag im 19. Jahrhundert,* 1989).

— *Siehe auch: Ofenkrapfen, Seite 96; Zigerkrapfen, Seite 99; Gubel-Krapfen, Seite 138; Brienzer Krapfen (Band 2), Landsgmendchrempfli (Band 3), Crèfli (Band 4), Beignets des brandons de Moudon (Band 5).*

Schwyzer Krapfen

Rautenförmige, in Fett gebackene Teigtasche mit Birnenfüllung.

So lange es den Krapfen gibt, so verschieden sind seine Formen; der Schwyzer Krapfen gehört zu den kleinen. Bei den Füllungen herrscht zwar kein Einheitsbrei, aber auch nicht auffallende Vielfalt. Oft werden gedörrte Birnen verwendet, sie passen in den Schwyzer Krapfen, den Unterwaldner Ofenkrapfen und jenseits des Brünigs in den Brienzer Krapfen. Alle drei zusammen erreichen freilich nicht die Popularität des Zigerkrapfens. Birnen und Ziger sind typische, traditionelle Produkte in den entsprechenden Regionen.

Krapfen gehören zu den ältesten Gebäcken, die sozusagen in direkter Linie seit dem 9. Jahrhundert überliefert sind *(siehe Ofenkrapfen, Seite 96)*. Das dürften sie dem Status als Festtagsgebäck zu verdanken haben. Man soll ja die Feste feiern, wie sie fallen; aber sie fallen eben nicht, wie man sie feiert, sondern sind mit jahreszeitlichen Ereignissen verbunden. Auch heute noch, im Zeitalter der immerwährenden Verfügbarkeit, werden die Schwyzer Krapfen zur Chilbi im Herbst und zur Fasnacht im Spätwinter gebacken. Im lokalen Dialekt heisst der Krapfen *Kösikrapfen;* von *Kösi,* Birnenmus.

Krapfen-Rezepte sind jünger als die Methode «Krapfen» selbst. Das lässt sich aus der Geschichte erklären, denn einst wurden Küchenrezepte innerhalb der Familie von einer Generation zur nächsten mündlich weitergegeben, insbesondere auf dem Land. In einem Rezept von 1929 enthält der Schwyzer Krapfen neben Birnen und Äpfeln sogar Kastanien. Die Herstellung verläuft ähnlich wie beim Zigerkrapfen. Die Füllung, das *Birekösi,* wird aus gedörrten Birnen, Zucker, frischen Äpfeln und einer geheimen Gewürzmischung im Mixer zubereitet und dann auf dem ausgerollten Mürbeteig verstrichen. Darauf legt man eine zweite Teigschicht und zerschneidet das Ganze mit dem Krapfenrädli in rautenförmige Stücke. Der Bäcker stupft sie oben und unten ein, damit beim Frittieren der heisse Dampf aus dem Innern entweichen kann. Die nicht einmal handtellergrossen Kräpflein werden nur kurz frittiert, etwa zwei Minuten in 150 bis 160 Grad heissem Öl.

Die Schwyzer Fasnacht gehört zu den wichtigen Festen im Land unter den Mythen. Neben den Krapfen gibt es eine reiche Auswahl weiterer Gebäcke. Im Buch *Feste und Bräuche im Kanton Schwyz* (1989) findet man Bekanntes wie Zigerkrapfen, *Schenkeli, Anisguetzli* und *Chnüüblätz,* die man auch als *Ankestrübli* und *Eieröhrli* kennt oder schlicht als *Fasnachtskiechli (siehe Band 2),* und wenig bekannte lokale Spezialitäten wie *Hudichräpfli* (kleine Krapfen) und *Bohnen* (Kugeln aus Schenkeliteig) aus Einsiedeln wie auch *Leutsche-Fischli, Eierkränze* und *Narrenböcke* aus dem äusseren Kantonsteil am Zürichsee.

Rosoli

Alkoholisches, gewürztes, likörartiges Getränk *(Abbildung Seite 112)*.

Rosoli hat es nicht zu nationaler Berühmtheit gebracht, sondern ist eine regionale Spezialität geblieben; das dürfte der Grund sein, warum es kein vereinheitlichtes Rezept gibt. Noch heute ist der «hustensirupartige» Rosoli vielerorts eine Familienangelegenheit, das Rezept wird von Mutter zu Tochter weitergeben – mündlich, nicht schriftlich. Die Basis sind dunkle Früchte, vor allem Kirschen, frisch oder getrocknet, wie eine Produzentin erklärt; auch Holunder und Cassis können verwendet werden.

Eine Produzentin in der Zürichsee-Gegend hat den Schleier gelüftet und ihr Familienrezept offengelegt: Fünf Kilo kleine, schwarze Kirschen gibt sie mit zwei Kilo Zucker (oder Kandiszucker) in den Topf, füllt mit Wasser auf, bis die Kirschen bedeckt sind, gibt ein Gewürzsäcklein mit Kümmel, Fenchel und Zimtstange dazu und kocht den Inhalt, bis die Kirschen richtig weich geworden sind. Das dauert etwa eine halbe Stunde. Nachher lässt sie das Ganze ein bis zwei Tage lang ziehen, giesst den Saft ab, lässt die Kirschen gut abtropfen, vermischt den Saft mit starkem hausgemachtem Obstbrand und füllt den frischen Likör in Flaschen ab. «Die Kirschensaison ist streng, da muss es schnell gehen», erklärte die Bäuerin.

In anderen Rezepten figurieren Rosenwasser und Macis unter den Ingredienzen, Muskatnuss und Nelken; es mussten schon Weihnachtsgewürze sein – oder gar keine, wie in einem Rezept aus der Wädenswiler Ortsgegend Zollingerhäuser: Auf einen Liter Schnaps (70 Volumenprozent) nimmt man ein Pfund frische Kirschen, füllt alles in eine Flasche ab und lässt sie zwei Monate stehen; hierauf kocht man mit einem Liter Wasser und einem Pfund Zucker einen Zuckersirup, den man nach Erkalten mit dem geseihten Schnaps vermischt. Den fertigen Rosoli füllt man in Flaschen ab.

Rosoli kann man als typisches Beispiel für die Adaption eines importierten Genussmittels bezeichnen, das im Laufe der Zeit und kraft der Umstände in ein traditionelles heimisches verändert wurde. Wahrscheinlich lernten Innerschweizer Viehhändler oder Bauern, die ihr Vieh selber nach Italien zum Verkauf lieferten, im Süden *Rosoglio, Rosolio* oder *Rossolis* kennen, fanden Gefallen daran und trugen ein paar Fläschchen mit nach Hause.

Die italienischen Originale basierten auf der insektenfressenden Pflanzengattung Sonnentau – *Ros Solis* bedeutet Tau der Sonne – und wurden bereits im 15. Jahrhundert exportiert. Wer *Rossolis* zuerst in die Eidgenossenschaft gebracht hat, weiss man nicht. Söldner und Weinhändler aus Nidwalden? Oder doch Schwyzer Bauern? Eine Einsiedler Drogerie setzt auf Ahnen, die ihr Vieh in «welschen Landen» zu Markte führten und, so steht's auf einem Informationsblatt, Rezepte «eines wohlschmeckenden Aperitifs oder Verdauers nach Hause brachten, den sogenannten Rosoli, welcher als wärmendes Getränk in den kalten Wintern rasch bekannt und beliebt wurde». Für ihren «Ur-Rosoli, das Original seit 1848» verwendet die Drogerie demineralisiertes Quellwasser, einheimischen Kernobst-Branntwein, gedörrte Kirschen, Sternanis, Zimtstangen, Kandiszucker und Zuckercouleur».

Rosoli wärmte nicht nur winterwunde Seelen, sondern als flüssiger Amor auch in Liebe entbrannte junge Herzen. Wenn die Angebetete ihrem Kilter heimlich das Fenster öffnete und ihn in die Kammer einsteigen liess, bot sie ihm ein Glas Rosoli an. Um ihm die Schüchternheit zu nehmen? Oder vielmehr deshalb, um ihn etwas aufzumöbeln? Der Jüngling wirkte sicher pikanter, wenn sein Atem beim ersten Kuss mit exotischen Gewürzen parfümiert war statt mit einer Bierfahne.

— *Siehe auch: Brächere-Brönnts (Band 2), Bündner Röteli (Band 4).*

Vom Milchmädchen und vom Chriesi

Konditorei- und Backwaren: Zuger Kirschtorte *(Seite 134, Rezept Seite 135)*, Baarer Räbentorte *(Seite 137)*, Gubel-Krapfen *(Seite 138)*

❊

Süss- und Confiseriewaren: Baarer Räben *(Seite 139)*

❊

Getränke: Kirsch *(Seite 140)*

Die rasante Entwicklung des Kantons Zug vom bäuerlichen Armenhaus zum Steuerparadies mit zigtausend Firmensitzen lässt einen heute daran zweifeln, ob das Land zwischen Innerschweiz und Zürich überhaupt je Kuhweiden gesehen hat. Hat es selbstverständlich, bis weit ins 20. Jahrhundert war Zug landwirtschaftlich geprägt und beklemmend finanzschwach. Noch in den 1960er-Jahren wurde im kleinsten Kanton mit zwei Ständeräten die grösste Pro-Kopf-Verschuldung in der Schweiz errechnet. Anfang 21. Jahrhundert gehört Zug zu den Kantonen, die am meisten in den interkantonalen Finanzausgleich zahlen.

Dieser Wohlstand hat seinen Preis. Kuhweiden muss man heute beinahe suchen. Aber sie sind noch vorhanden, abseits der Zeitgeistwege. Dabei steht Kuhmilch am Anfang von Zugs Wandlung vom Bauernkanton in ein internationales Dienstleistungszentrum, insbesondere für weltweiten Rohstoffhandel. 1864 wurde Zug ans Eisenbahnnetz angeschlossen, zwei Jahre später gründete eine Gruppe von Amerikanern und ein Schweizer die erste Kondensmilchfirma Europas, die Anglo-Swiss Condensed Milk Co. mit Sitz und Fabrikation in Cham. Der Rohstoff wurde täglich vor der Haustür produziert, er musste nur gemolken und in die *Südi* (Siederei) gebracht werden. Nach harzigem Beginn führten die Brüder Georges und Charles Page die Firma zum Erfolg, es wurden Niederlassungen gegründet im Freiburgischen und in der Ostschweiz. «Allein in Cham verarbeiteten im Spitzenjahr über 400 Arbeiter, oder etwa jeder siebte Einwohner Chams, täglich 66 000 Liter Milch von rund 1300 Bauernbetrieben aus der Umgebung» *(Historisches Lexikon der Schweiz,* 2001).

Die gezuckerte Kondensmilch «Milchmädchen» wurde weltweit vertrieben. 1905 fusionierte die Firma mit Nestlé.

Am Zugersee fanden sich schon früh Menschen ein. Altsteinzeitliche Funde von nomadisierenden Jägern und Sammlern am Nordufer des Zugersees reichen gut 16 000 Jahre zurück. Am See konnten mehr als 40 Pfahlbauerdörfer aus der Jungsteinzeit (5500 bis 2200 vor Christus) nachgewiesen werden. Dort lebten die ersten sesshaften Selbstversorger. Bauern betrieben vor allem Milchwirtschaft und Obstbau im Übergangsgebiet zwischen Mittelland und Voralpen. Ein paar Fischer sorgten dafür, dass das Zuger Röteli (Seesaibling) zu einem kulinarischen Symbol für den Kanton zwischen Rigi und Hirzel wurde. Im See leben mehr als 30 Fischarten.

Mit seiner modernen Erfolgsstory ist der Kanton Zug zu einem exemplarischen Fall für das kulinarische Erbe geworden. Zugerinnen und Zuger, ältere wie jüngere Semester, nahmen eine schleichende Leere wahr, irgend etwas begann ihnen immer stärker zu fehlen in einer Umgebung, die von Jahr zu Jahr enger verbaut wurde.

Was vermissten sie? – Kirschbäume.

Kirschbaum, Kirschen, Kirsch, Kirschtorte – am Ende der Fahnenstange steht das Produkt, und wenn das erste Glied vom Aussterben bedroht ist, verschwindet auch das letzte. Die Stadt Zug besass einst 1000 Kirschbäume auf ihrer Allmend, sie gehörten den Einwohnern. Sie durften die Kirschen pflücken. Nach dem Signal der *Chriesiglogge* machten sich alle in einem wahren *Chriesisturm* ans Werk.

Aus Verlusten wird man klug. Eine Gruppe raufte sich zusammen und beschloss voller Elan, die abgehackten Kirschbäume zu ersetzen und den vorhandenen, kümmerlichen Bestand um 1000 Bäume zu erhöhen. Die IG Zuger Chriesi wurde gegründet. Die Aufbruchstimmung setzte Energie frei und eine Kettenreaktion in Gang, zum Beispiel ein Zusammengehen mit Kirschproduzenten rund um die Rigi. Die traditionellen Produkte wie Zuger Kirsch und Zuger Kirschtorte, die über die Schweiz hinaus längst einen Namen hatten, beflügelten ein restauriertes kulinarisches Bewusstsein. Aber auch Neues sollte entstehen, und so pröbelte ein Metzger so lange, bis er eine *Chriesiwurst* präsentieren konnte. Die Wurst ist gefragt, und wenn sie das 40 Jahre nach ihrer Premiere immer noch ist, kann sie ins kulinarische Erbe der Schweiz aufgenommen werden.

ZUGER RÖTELI

SAIBLINGE AN KRÄUTERSAUCE

Arbeitsaufwand: 20 Minuten
Bratzeit: 10–15 Minuten

Für 4 Personen
4 Zuger *Röteli*
Salz, Pfeffer
1 fein gehackte Zwiebel
Wenig Mehl
2 dl Weisswein
1 dl Rahm (nach Belieben)
Thymian, Rosmarin
Wenig Salbei, Majoran, Basilikum
Viel Petersilie

Fische salzen, pfeffern und mit Mehl bestäuben. — In eine Pfanne legen, mit Weisswein übergiessen und die fein gehackten Kräuter und die Zwiebel dazugeben. — Die Fische dämpfen, bis sie gar sind (etwa 15 Minuten). — Die Sauce kann nach Belieben mit Rahm verfeinert werden.

Zuger Kirschtorte

Runde Torte aus Japonais, kirschgetränktem Biscuit und Buttercrème *(Abbildung Seite 142)*.

Das Dessert der Erwachsenen – die Zuger Kirschtorte soll die meistverkaufte «Markentorte» der Schweiz sein. Das ist weiter nicht verwunderlich, diese Torte ist ein Ereignis an Geschmack und Haptik. Kreiert hat die Zuger Kirschtorte ein zugezogener Konditor, Heinrich Höhn aus Herisau. Sein Geschäft befand sich bloss ein Platz vom Sitz der Kirschwasser-Gesellschaft in Zug (1870 gegründet) entfernt, eine frühe Marketing-Organisation, die über die Qualität des Zuger Kirschs wachte und die Spezialität in alle Welt exportierte. Inspiriert durch die Destillate und ihr exzellentes Renommee, begann Höhn eine Torte zu entwickeln. Nach einiger Zeit des Pröbelns und Probierens präsentierte er 1915 eine Torte, die Kirschwasser enthielt. Auf der Hand lag das Rezept natürlich nicht einfach so, Höhn musste experimentieren, denn Alkohol ist flüchtig, auch musste der Konditor vermeiden, dass der Kuchen wie ein feuchter Lappen auf der Platte lag.

Das Geheimnis der Zuger Kirschtorte sind der Geschmack und das Zusammenspiel dreier Konsistenzen, einer knusprigen, einer feuchten, schwammigen und einer buttrigen. Auch darf die Torte beim Anschneiden nicht auseinanderfallen. Entscheidend ist der Trick, der den Kirsch im Kuchen hält: Die Mischung aus Zuckersirup, Kirsch und etwas Maraschino wird von Buttercrème im Biscuit eingeschlossen. Man backt also einen runden Biscuit und zwei Japonaisböden. Die Buttercrème schlägt man aus Butter, Zucker, Kirsch und etwas pasteurisiertem Randensaft, um eine rosa Farbe zu erhalten. Beim Zusammenbau bestreicht der Konditor zuerst die Oberfläche der Unterlage, einen Japonaisboden, mit Buttercrème. Darauf legt er den Biscuit, tränkt ihn mit Kirschsirup, bestreicht den zweiten Japonaisboden mit Buttercrème und legt ihn mit der gecrèmten Seite auf den Biscuit. Anschliessend bestreicht er Rand und Oberfläche der Torte mit Buttercrème. Das Fett verhindert das Ausfliessen des Kirschsirups, der bei einer 900 Gramm schweren Torte mit 20

ZUGER KIRSCHTURTE

KIRSCHTORTE NACH ZUGER ART

Arbeitsaufwand: 2 Stunden
Backzeit: 1 Stunde 10 Minuten

Für eine Springform
(Durchmesser 24 cm)

Tortenböden
3 Eiweiss
75 g Zucker
50 g gemahlene Mandeln
1 TL Mehl

Biskuit
5 Eigelb
150 g Zucker
1 TL abgeriebene Zitronenschale
70 g Mehl
70 g Kartoffelmehl
½ TL Backpulver
80 g Butter
5 Eiweiss

Buttercreme
200 g Süssrahmbutter
80 g Puderzucker
4 EL Kirschwasser
1 EL Johannisbeer- oder Himbeergelee

Sirup zum Tränken des Biskuits
1,25 dl Kirschwasser
6 EL Wasser
3 EL Zucker

Zuerst das Biskuit zubereiten: Zucker, Zitronenschale und Eigelb zu einer weisslichen Creme schlagen. — Mehl, Kartoffelmehl und Backpulver sieben. Locker unter die Eicreme mischen. — Butter erwärmen, bis sie flüssig ist. Abkühlen lassen; immer noch flüssig, aber nicht heiss teelöffelweise unter den Teig geben. — Das steif geschlagene Eiweiss locker unter den Teig ziehen. — In die mit Butter bestrichene Form einfüllen und bei 180 °C 40–50 Minuten backen. — Für die Tortenböden die Eiweiss mit der Hälfte des Zuckers steif schlagen. — Restlichen Zucker, Nüsse und Mehl beifügen. Diese Masse auf die Böden von zwei Springformen verteilen. — Bei 150 °C etwa 15 Minuten backen. Diese Mandelteigböden dürfen hellgelb werden. Sofort nach dem Backen vom Blech lösen und auf einem Gitter auskühlen lassen. — Butter mit Zucker, Gelee und Kirschwasser mischen. — Kirsch, Wasser und Zucker zu Sirup kochen. — Den ersten Mandelteigboden auf der Oberseite dicht mit Buttercreme bestreichen. — Biskuit flach schneiden und mit Kirschsirup tränken. Auf den Tortenboden setzen. Mit Kirsch beträufeln. — Wieder Buttercreme aufstreichen und mit dem zweiten Mandelteigboden abdecken. — Auf der Oberfläche und am Rand der Torte dicht Buttercreme auftragen. — Die geriebenen Mandeln in einer trockenen Bratpfanne hellgelb rösten und nach dem Erkalten auf die

Zum Fertigstellen der Torte
3 EL Kirschwasser
2 EL geschälte, geriebene Mandeln
3 EL Mandelscheiben
Puderzucker

Torte verteilen. — Die Mandelscheibchen ebenfalls rösten und nach dem Auskühlen den Rand der Torte damit verzieren. Gut andrücken, damit sie kleben bleiben. — Viel Puderzucker auf die Tortenoberfläche geben. Mit einem langen Messer oder einem dünnen Draht ein Rautenmuster (verschobene Vierecke) einritzen. — Die Torte bis zum Verbrauch im Kühlschrank aufbewahren.

Anmerkung: Die Zubereitung dieser einmaligen Spezialität braucht ein wenig Zeit und Geduld. Deshalb sei sie nur wirklich Backbegeisterten empfohlen. Das Resultat lohnt aber den Aufwand.

Zentimetern Durchmesser 3,5 Deziliter betragen kann, ein beträchtlicher Teil davon Kirsch. Zum Schluss dekoriert er den Rand mit gerösteten Mandelplättchen, bestäubt den Deckel mit Puderzucker und drückt ein Rautenmuster in die weiche Fläche *(siehe Rezept)*.

1922 liess Bäcker Höhn eine Schutzmarke anfertigen, ein Etikett mit dem Zuger Zytturm und einem blauen Band. Das Rezept konnte er nicht schützen lassen, aber die Marke wurde beim Institut für Geistiges Eigentum in Bern eingetragen. Die Torte erlebte eine internationale Karriere, gewann diverse Preise und inspirierte ihre Verehrer zu Lobeshymnen. Der Wiener Salonmusiker Fritz Mensik, der hin und wieder in Zug gastierte, komponierte dem Erfinder zu Ehren den *Heiri-Höhn-Marsch*.

Höhn übergab 1943 das Geschäft seinem Chefkonditor Jacques Treichler. 2004 übernahm es die Luzerner Konditorenfamilie Heini. Die Zuger Kirschtorte, deren Originalversion immer noch in Zug produziert wird, ist nur in einem Aspekt verändert worden: Sie enthält mehr Alkohol als früher. Höhn verwendete den Kirsch als Aromastoff und nicht als wesentliches Charakteristikum der Torte, das sich auch richtig schmecken lässt. – 1918 trafen auch schon die ersten Automobilisten zum Tortenessen in Zug ein, animiert durch Inserate in der NZZ, ratterten die Städter in ihren klapprigen Kisten zur kleinen Landpartie Richtung Zugersee. Bestellungen prominenter Zeitgenossen liessen nicht lange auf sich warten, Charlie Chaplin verlangte nach der Kirschtorte, Audrey Hepburn, Helmut Kohl – und der Vatikan, unsterblich, wie er ist, gehört zu den Dauerkunden.

Baarer Räbentorte

Mandelmakronen-Gebäck mit einer Buttercrèmefüllung.

Die Baarer Räbentorte enthält keine Räben (weisse Rüben), wie der Name vermuten lässt. Sie heisst so, weil Räben bis nach dem Zweiten Weltkrieg ein wichtiges Grundnahrungsmittel der Region waren und Baar die Räbenmetropole – und weil der Erfinder der Torte, Isidor Stierli (1905–1993), aus Baar stammte. Er absolvierte in Köln die Konditoreifachschule, kam 1930 nach Baar zurück, kaufte das Restaurant seines Vaters und eröffnete die Konditorei Falken. Dort entwickelte er sein Markenzeichen, die Räbentorte. Er baute sie aus Erfahrungen zusammen, die er während der Lehr- und Wanderjahre in europäischen Konditorei-Hochburgen gesammelt hatte: Aus Brüssel der Boden, aus Palermo der Deckel und aus Paris die Buttercrème.

Der Boden, den der besuchte Konditor als Mandelmakrone bezeichnet, wird aus Mandelpuder, Eiweiss und Zucker hergestellt und erinnert geschmacklich an Amaretti. Die Buttercrème ist ein Geheimnis, sie wird aus Zuckersirup, bestimmten Gewürzen, Butter und Margarine angerührt Die Krux: Nur die richtige Temperatur zum richtigen Zeitpunkt führt zum Erfolg. Der Deckel aus Mandelbiscuit wird am Ende mit Puderzucker bestäubt und erhält als Dekoration Räbenlaub, eine Art Blatt aus grün eingefärbter Mandelmasse. Seit 1970 gilt für die Baarer Räbentorte Markenschutz.

Gut die Hälfte der Räbentorten wird in Baar konsumiert, der Rest in der Region. Der charakteristische Mandelgeschmack der Torte hat aber auch Menschen erreicht, die keinen Aufwand scheuen, um die Torte geniessen zu können. Dank ihrer Haushälterin, die aus Baar stammte, kannte Sophia Loren die Räbentorte. Sie schickte manchmal einen Chauffeur nach Baar, um eine Torte in ihr Westschweizer Haus zu bringen. Oder sie fuhr, übermannt von Lust auf das Gebäck, gleich selber mit.

Gubel-Krapfen

Rundes, gemodeltes Kräpfli mit Haselnussfüllung.

Zwischen Menzingen und Unterägeri befindet sich der Gubel, eine Anhöhe, und auf dem Gubel steht das Kloster Maria Hilf. Zu Beginn des 20. Jahrhunderts gaben die Kapuzinerinnen dem Grossvater des besuchten Konditors in Menzingen den Auftrag, einen Krapfen für das Kloster zu rezeptieren. Das ist erstaunlich, denn im Normalfall gehen die Rezepte den umgekehrten Weg, von den Klöstern in die Welt hinaus.

Der Grossvater buk also einen Prototyp für die Schwestern. Sie stellten den Krapfen so lange her, bis sie in den 1990er-Jahren die Krapfenbäckerei nicht mehr weiterführen konnten, weil ihre Zahl zu stark abgenommen hatte. Seither werden die Krapfen vom Gubel in einer Konditorei in Menzingen gebacken. Gut die Hälfte wird ins Kloster geliefert, das die Gubel-Krapfen vor allem im Sommer braucht, wenn Frauengemeinschaften zum Kloster wallfahren.

Der Gubel-Krapfen gehört in die gleiche Gruppe wie Rigibock und Hölloch-Chräpfli, mit dem Unterschied, dass dem Teig noch Honig beigemischt wird und dass die Signaturen auf den Model keine lokale Relevanz haben, sondern beliebige Sujets sein können wie Sterne, Eicheln, Früchte oder auch Schäfchen. Das Teigrezept ist das gleiche wie für Anisgebäck, man lässt bloss Anis weg. Die Füllung wird aus gerösteten und fein gemahlenen Haselnüssen, Zucker, Schraps (getrocknetes und gemahlenes Süssgebäck) und Wasser angerührt. Die weitere Verarbeitung verläuft analog zum Rigibock.
— Siehe auch: Ofenkrapfen, Seite 96; Zigerkrapfen, Seite 99; Rigibock und Hölloch-Chräpfli, Seite 125; Brienzer Krapfen (Band 2), Landsgmendchrempfli (Band 3), Crèfli (Band 4), Beignets des brandons de Moudon (Band 5).

Süss- und Confiseriewaren

Baarer Räben

Rübenförmige Schokoladepraline mit Truffes-Masse.

Aus Räben (weisse Rüben) kann man Zucker gewinnen, aber keine Schokolade. Man könnte also die Baarer Räbe als veredelte Erinnerung an die Zeit betrachten, als in Baar und Umgebung der Anbau von Zuckerrüben ein wichtiger Landwirtschaftszweig war. Die Leckerei von fünf mal dreieinhalb Zentimeter, gefertigt aus Schokoladecouverture (enthält mindestens 31 Prozent Kakaobutter) und Truffes-Masse, gibt es seit 1932. Kreiert hat das feine Stück ein Confiseur namens Widrig, der das Rezept geheim hielt und nur seinem Nachfolger mitteilte. Während nach dem Zweiten Weltkrieg der Rübenanbau langsam zu schwinden begann, erfreute sich die Schokoladeräbe besten Zuspruchs und wurde wiederum an die nächste Generation weitergegeben, nie schriftlich, nur von Ohr zu Ohr, bis zum heutigen Tag. Deshalb kann hier auch nicht die ganze Herrlichkeit offenbart werden.

Der Confiseur giesst halbe Räben, die in Plexiglasplatten eingelassen sind, mit flüssiger Couverture aus, lässt sie auf einem Gitter abtropfen, so dass genügend Hohlraum in den Formen bleibt, und im Kühlschrank erkalten. Nur etwa zehn Minuten später drückt er mit dem Dressiersack Truffes-Masse aus Milchschokolade in die Formen. In dieser Masse liegt das Geheimnis. Sie sei eine aufwändige Angelegenheit nach alter Machart, so viel gibt der Confiseur preis. Nun legt er jeweils zwei Plexiglasplatten aufeinander, so dass immer zwei Räbenhälften mit den Unterseiten aneinander haften bleiben. Die innige Verbindung wird im Kühlschrank intensiviert, wobei es nicht zu kalt sein darf, weil sich sonst in der Couverture Risse bilden können. Die komplettierten Räben werden durch leichte Bewegungen aus den Formen gelöst und in Folie gewickelt. Baarer Räben gibt es aus weisser, Milch- und dunkler Schokolade, alle enthalten die Originalfüllung.

— *Siehe auch: Luzerner Regentröpfchen, Seite 73; Schokolade (Band 5).*

Getränke

Kirsch

Klarer Obstbrand aus Kirschenmaische *(Abbildung Seite 142)*.

Gibt es einen Nationalschnaps? Kirsch wäre der geeignete Kandidat, er dürfte der bekannteste Obstbrand der Schweiz sein: Nicht nur, weil man ihn pur als *Verrisserli* trinkt oder einen Schuss ins Fondue gibt – Kirsch dominiert Konditoreien und Confiserien, man braucht ihn für Crèmen, Füllungen und ganze Torten.

Beim Kirsch scheiden sich die Geister. Es gibt «Volkskirsch», gebrannt aus Kirschen, die ums Haus herum wachsen und zusammen eingemaischt und gebrannt werden, und dann gibt es Edelbrände aus ausgesuchten sortenreinen Kirschen: echte Exklusivitäten, so selten wie die Sorten, aus denen sie destilliert werden. Die wichtigsten Kirschregionen sind die Nordwestschweiz mit Baselland und Fricktal sowie die Innerschweiz und kleinere Gebiete wie Freiamt, Jura, Neuenburger Jura. Berühmt ist der Zuger Kirsch, der in der Pipeline für ein AOC-Label steht (Zuger Kirsch AOC, Rigi Kirsch AOC). Auch in diesem Gebiet zeichnet sich ein Trend Richtung sortenreiner Brände von seltenen Varietäten ab. «Kirsch ist unser Rohstoff, nicht Erdöl», betont der Spiritus Rector der Webseite *zugerchriesi.ch.*

Auch wenn es in Europa Wildkirschen gab und gibt, stammen die beiden Hauptformen, «die seit dem Mittelalter kultiviert werden», aus Kleinasien, wie im *Larousse gastronomique* zu lesen ist: «Aus der Vogel- oder Süsskirsche *(Prunus avium)* haben sich jene Bäume entwickelt, die Sorten wie die Knorpelkirsche und die Herzkirsche tragen. (...) Aus der Wildform der Sauerkirsche *(Prunus cerasus)* haben sich jene Bäume entwickelt, an denen Sorten wie die Amarelle und die Echte Sauerkirsche gedeihen.»

Kirschbäume sind vom Ursprung her Hochstammbäume, wie auch Apfel- und Birnbäume. Diese Bäume prägten während Jahrhunderten die Kulturlandschaft. Sie dienen nicht nur dem Menschen, den sie im Frühling mit Blütenpracht und im Herbst mit Früchten beglücken, sondern bilden einen eigenen Lebensraum für zahlreiche Pflanzen und Tiere. Doch im Zuge der Rationalisierung des Lebens sind die meisten Hochstammbäume neu entwickelten Niederstammkulturen geopfert worden – die Arbeit, eine Leiter an den Baum zu stellen, Sprosse nach Sprosse zu bewältigen und die filigranen Kirschen zu pflücken, ist unwirtschaftlich geworden. Heute werden die Früchte der Hochstammbäume zusammengelesen, gepflückt oder vom Baum geschüttelt und zu Schnaps verarbeitet. Seit Beginn des 21. Jahrhunderts sind Bemühungen im Gange, die Hochstammbäume wieder zu pflegen und anzupflanzen, vor allem aus ökologischen Gründen.

Den besten Kirsch brennt man aus den kleinen bis mittelgrossen Früchten der Hochstammbäume. Für Tafelkirschen pflanzt man Niederstamm-Plantagen; diese Kirschen müssen prall, saftig und schön fleischig sein. Brennkirschen dagegen sollen weniger Fleisch aufweisen, damit sich auch der Stein im Brand geschmacklich entfalten kann: Er bringt eine Mandelnote ein. In der Zentralschweiz

Kirsch *(Seite 140)*, Zuger Kirschtorte *(Seite 134)*

findet man heute noch zahlreiche Hochstämmer, allein 55 000 Kirschen-Hochstammbäume stehen in der Region Zug-Rigi (Zählung 2001); in den 1950er-Jahren waren es dreimal so viele.

Wo wird der beste Kirsch im Land gebrannt? Diese Frage lässt sich nicht beantworten, aber sie beflügelt Obstbauern und Brenner. Denn der Rückgang des Kirschkonsums gestattet nur eine Richtung: Qualität statt Quantität. In der Saison 1982–1983 wurden gesamtschweizerisch 17 220 Hektoliter Kirsch gebrannt; 2005–2006 noch 3395 Hektoliter. Dafür dürfte die Auswahl an Bränden vielfältiger denn je sein. Ein Brenner im Reusstal beispielsweise bietet unter anderen Brenzer Kirsch an (aus traditionellen, kleinen bis mittelgrossen schwarzen Hochstamm-Süsskirschen), Basler Langstieler (klassische, hochwertige Brennsorte), Seppetoni (rare Sorte aus Schupfart im Fricktal), Lampnästler (Baum mit hängenden Ästen), Rote Lauber (rote Brennkirschen), Weisser Trauben Kirsch (gelbe, mittelgrosse Kirschen, die am Baum wie Trauben hängen), Ämli Sauerkirsch (glänzend rote Sauerkirschensorte) oder Schattenmorelle Sauerkirsch (braune Sauerkirsche, *Griotte du Nord*).

Bis Anfang des 21. Jahrhunderts sind in der Schweiz über 800 Kirschensorten identifiziert worden. Allein 250 Sorten hat Fritz Kobel (1896–1981), ehemals Direktor der Forschungsanstalt Wädenswil, in *Die Kirschensorten der Schweiz* (1937) beschrieben. Im Schwyzer Bezirk Küssnacht sind 1991 in einer ETH-Semesterarbeit auf 58 Betrieben 95 Brennkirschensorten inventarisiert worden. Bereits im 18. Jahrhundert war Kirsch ein bedeutendes Handelsprodukt. 1870 wurde die Kirschwasser-Gesellschaft Zug gegründet, um die Qualität des Kirschs im Auge zu behalten und Absatzmärkte zu erschliessen.

Auf Zürcher Märkten wurde 1748 «*Guts Kriesi-Waser*» mit dem Vers «Der Kirschengeist erquickt den Prasser viel mehr als Wein, Bier, Most und Wasser» angeboten, so der «*Kriesi-Waser-Ausrufer*» aus der Serie von David Herrlibergers (1697–1777) Ausrufbildern.

Die Kehrseite des «*Guts Kriesi-Wasers*» war eine üble Begleiterscheinung. Mehr als 200 Jahre vor dem Auftauchen des Begriffs Alkoholismus mühten sich Behörden mit dem Problem. «Um 1662 wurden so viel Kirschen gebrannt, dass der Magistrat befürchtete, es möchten ‹*dem armen Mann die Kriesi vertheuert und den Liederlichen zu noch mehr Liederlichkeit geholfen*› werden», schrieb Albert Hauser

(*Vom Essen und Trinken im alten Zürich,* 1973). Ebenfalls im 17. Jahrhundert versuchten die Behörden von Zug, Schwyz und Luzern, das Brennen von Kirsch in den Griff zu bekommen, da durch den «*brennens-effect nicht nur dise schöne von Gott gegeben früchten schandtlich consumiret, und an statt solche armen und dürfftigen zur narrung gereichen könten, zu so liederlichen missbrauch, wordurch so grosser landtschädlicher mittell leib und seelen schaden gahr villen schon erfolget*».

Beim Einmaischen werden die Kirschen gequetscht, es entsteht eine Mischung aus Haut und Fruchtfleisch, Saft und Steinen, die beim Quetschen nicht aufbrechen dürfen (Bitterstoffe). Die Gärung des Fruchtbreis in einem Fass wird mit Hefe sowie Schwefel-, Milch- oder Phosphorsäure (verhindern das Aufkommen unerwünschter Mikroorganismen) in Gang gesetzt. Beim Gären entsteht Kohlensäure, es blubbert und zischt im Behälter. Mit dem Verebben des Kohlendioxidausstosses ist die Gärung beendet; die Maische wird gebrannt oder je nach Produzent mehrere Monate stehen gelassen, damit sie weiter Aroma entwickelt. Beim Brennen erhält man ein Destillat von 70 bis 80 Volumenprozent Alkohol; mit destilliertem Wasser wird der Kirsch auf die Trinkstärke von etwa 45 Volumenprozent verdünnt.

Der Verlust Tausender Hochstamm-Kirschbäume, wegrasiert für Bauzonen aller Art und durch «Optimierungen» in der Landwirtschaft, fördert das Verbleichen von Traditionen. Und damit auch einem Stück Identität, denn in der Innerschweiz führt die Kirsche, im Grunde eine Kirschenkultur, weit zurück. Die Schwyzer Obrigkeit beschäftigte sich in einem Ratsprotokoll von 1552 mit dem *kriesnen,* dem Kirschenlesen. «Der Zuger Chriesimärt wird 1627 erstmals genannt, der Brauch der Zuger Chriesiglogge ist seit 1711 nachweisbar, der Chriesisturm in einer Nacherzählung von 1886 erwähnt», steht auf *zugerchriesi.ch.*

In Zug hat sich zu Beginn des 21. Jahrhunderts die IG Zuger Chriesi formiert, um 1000 Kirschbäume zu pflanzen und die alten Traditionen wiederaufleben zu lassen: den *Chriesimärt,* die *Chriesiglogge,* die einst das Signal verkündete, die Kirschenernte auf der Zuger Allmend sei für alle eröffnet, und den folgenden *Chriesisturm,* wenn sich die Einwohnerschaft mit Kratten und Leitern ins Abenteuer stürzte.

Natürli – Swiss Made – World Class

Wo steckt er eigentlich noch, der waschechte Zürcher zwinglianischen Zuschnitts? Ein bisschen vergrämt, grüblerisch, deshalb auch kreativ, erfinderisch, aber kaum genusssüchtig? Wenn es ihn überhaupt noch gibt, müsste man wohl auf dem Land suchen. In der bevölkerungsreichsten Stadt der Schweiz, die sich *World Class Swiss Made* nennt oder Millionenzürich und diesem Nimbus energisch nachlebt, ist die alte protestantische Hinwendung zur Verinnerlichung von einem pomadisierten Hedonismus überfahren worden. Nicht etwa, weil sich der Zürcher verändert hätte, vielmehr hat sich die Stadt in einen Schmelztiegel verwandelt, in ein Konglomerat aus Schweiz und Welt.

Diese Vermischung begann früh. Es kamen Menschen aus dem Süden, einige von Zürichs italienischen Restaurants gehören zu den ursprünglichsten im Land; es kamen weiter Immigranten, Kriegs- und Regimeflüchtlinge aus Osteuropa, in den 1960er-Jahren aus dem Tibet; ihnen folgten Arbeiter aus Spanien, Portugal, dann setzte der Tourismus ein, die Horizonte wurden erweitert, es folgten wieder Flüchtlingswellen, der Radius wurde grösser, und zur Wende ins dritte Jahrtausend fand man fast jede denkbare Küche in Restaurants und Takeaways – eine der letzten, die es nach Türkisch, Thai, Indisch, Chinesisch, Japanisch, Koreanisch, Indonesisch, Brasilianisch, Dominikanisch, Mexikanisch, Libanesisch auch noch zu einem *Selling Point* geschafft hat, ist die Westschweizer Küche: Seit 2005 gibt es den Laden Welschland.

Vor lauter Stadt vergisst man rasch das Land, und da hat Zürich viel zu bieten – von den Bergen des Oberlands über den See in die Hügel des Unterlandes bis ins Weinland am Ufer des Rheins, von Milchwirtschaft über Getreide- und Ackerbau bis Reblagen und Spargelfelder: beste Voraussetzungen für eine eigenständige Regionalküche. Doch: «Zürich ist nicht, wie Bern und das Bündnerland etwa, eine spektakuläre kulinarische Landschaft», schreibt Marie-Louise Roth in ihrer Rezeptsammlung *Das Kochbuch aus Zürich* (1977). «Des Zürchers Kochkunst ist eine diskrete Mischung von fremden Ideen und eigenen Besonderheiten. So hat der Zürcher zwar eine eigene Rösti, aber er hat die Rösti nicht erfunden.»

Der Reformation wird gerne angelastet, sie habe Zürcherinnen und Zürcher mit einem Hang zur Askese gesegnet – davon ist heute wenig zu spüren, aber auch Huldrych Zwingli (1484–1531), der katholische Leutpriester aus dem Toggenburg, fiel anfänglich nicht unbedingt durch Genussfeindlichkeit auf. Immerhin brach er das Zölibat und zerschlug durch sein Beisein an einem öffentlichen Wurstessen die Fastengebote.

1523 setzte in Zürich die Reformation ein. Mit Unterstützung durch den Rat entledigte sich Zürich des Kirchenschmucks und entschied sich für einen Gottesdienst der reinen Worte, zerstörte Kunstwerke und orientierte sich unter Zwinglis Führung nach der Bibel – darin dürfte die Wurzel des «zwinglianischen Geistes» liegen.

ZÜRI GSCHNÄTZLETS

GESCHNETZELTES NACH ZÜRCHER ART

Arbeitsaufwand: 30 Minuten

Für 4 Personen
600 g Kalbfleisch
4 Schalotten oder 1 kleine Zwiebel
2 dl Weisswein
Salz, Pfeffer
1 Prise Zitronenrinde
3 EL Butter
1 EL Mehl
2 dl Rahm
1 EL gehackte Petersilie

Das Kalbfleisch in kleine, dünne Scheibchen schneiden. — Die Butter in der Bratpfanne erhitzen und das Fleisch bei starker Hitze ganz kurz anbraten. Bevor das Fleisch Saft abgibt, aus der Pfanne nehmen und warm stellen. — Gehackte Schalotten in die Pfanne geben, leicht anziehen lassen. — Mit Mehl bestäuben und mit Weisswein ablöschen. Bis zur Hälfte einkochen lassen, dann Rahm beimischen. Etwas eindicken lassen, gut würzen. — Fleisch hineingeben (nicht mehr kochen) und sofort auf den Tisch bringen. Mit Petersilie bestreuen.

Anmerkung: Wer *Zürcher Geschnätzlets* in einer wunderschönen Ambiance geniessen will, geht am besten in das Restaurant «Kronenhalle», wo es auch Kutteln und andere Zürcher Spezialitäten gibt.

Ein Geist, der wohl auf empfängliches Gelände gefallen war. Marie-Louise Roth: «Der Zürcher liebt auch schlichte Gerichte sehr: wenn man etwa durchgeht, was in der Zürcher Landschaft gekocht wird und wurde, so hat man den Eindruck, diese Gerichte seien weniger von Geistesblitzen, als viel mehr ganz praktisch hauptsächlich von dem inspiriert, was der Garten das ganze Jahr hindurch liefert: und das ist in der ganzen östlicheren Schweiz ungefähr dasselbe.»

Die Geistesblitze leuchteten woanders auf, an der Universität und an der ETH, und in einem städtischen Umfeld, das Kreativität und Forscherdrang förderlicher ist als die Natur, die dem Menschen stets vor Augen hält, wie perfekt sie funktioniert, wenn man sie in Ruhe lässt. Alfred Eschers Eisenbahn setzte das Ende des Säumerwesens in Gang, in Winterthur bauten die Gebrüder Sulzer an ihrem Maschinenwerk, Julius Maggi kurbelte die Lebensmittelindustrie an. Zürich gab sich offen für Neue und Neues, der deutsche Arzt Gustav Erdmann Weisflog erfand einen Magenbitter, der Aargauer Max Bircher-Benner, der Rohkost und der Frischluft verpflichtet, schuf das Birchermüesli, das zum einzigen schweizerdeutschen Wort wurde, das auf der ganzen Welt verstanden wird. Bircher-Benner richtete auf dem Zürichberg eine Klinik ein, die auch Prominente anlockte, darunter Thomas Mann, der den Betrieb als «hygienisches Zuchthaus» verdammte. Also wieder Askese – diesmal aus dem Aargau.

«*Heimlifeiss*» nennt Marie-Louise Roth den Zürcher, der eine Nussrolle, «von der man als geniesserischer Mensch kaum genug kriegt, theologisch entsagungsvoll ‹Fastenrolle› nennt». Aber er hat sich, auch wenn «der verschleckte Tirggel» immer noch als «eine trockene Oblate» getarnt ist, ziemlich geändert. Es mag in der Vergangenheit an kulinarischen Ideen gefehlt haben – aus diesem weitläufigen Kanton ist kein typischer Käse ins kulinarische Erbe aufgenommen worden. Jetzt sind Leute am Werk, die Versäumtes nachholen und im Oberland eine ganze Palette neuer Rohmilchkäse geschaffen haben. – Als letzte, aber noch rechtzeitig, haben auch die Meisterkäser von *Zürinatürli* einen Fuss in die Stadt gesetzt, am Puls der Schweiz, im Hauptbahnhof.

Maggiwürze

Flüssiges Suppen- und Saucenwürzmittel mit Fleischgeschmack auf Pflanzenbasis *(Abbildung Seite 187)*.

Man kann sich darüber streiten, welches Produkt der schweizerischen Lebensmittelindustrie weltweit am meisten verbreitetet ist. Nescafé? Maggiwürze? Toblerone? Es spielt keine Rolle, Pulverkaffee und Flüssigwürze gehören ohnehin der gleichen Firma. Toblerone, so bekannt der Name auch sein mag, bedingt zur Haltbarkeit gewisse Kühlmöglichkeiten, während die andern beiden Produkte ohne besondere Voraussetzungen in jedem Klima bestehen können.

In zahlreichen Restaurants der Schweiz sind im Verlaufe der generellen Gourmandisierung von Gastgebern und Gästen die altvertrauten Menagen von den Tischen verschwunden. Das mag im Falle von gräulichem Pfefferpulver, verstopften Salzstreuern und Maggi-Kopien keinen allzu herben Verlust bedeuten, aber das originale, seit 1887 unverändert viereckige Maggifläschen vermisst man schon, sehr sogar.

«Wie oft haben wir als Kinder an ihm rumgenuggelt», schreibt der Basler Autor *-minu,* «wie wunderbar hat es unsern ersten Heisshunger vor der Suppe gestillt. Man beträufelte eine Brotschnitte mit der braunen Flüssigkeit und schob sie rein: Das war Erlebnisgastronomie! Wie alle Mütter hatte auch unsere ‹Lass das!› gerügt – im selben scharfen Ton, wie sie später Vater massregelte, dessen erster Griff derjenige zur Flasche war, mit der er die Suppe wild besprühte: ‹Also Hans – versuch doch zuerst, bevor du Maggi dranwirfst.› Umsonst! Vater versuchte nie. Die würzige Besprühung der Suppe gehörte damals zum Mittagessen wie das letzte, hohe *Piiiep* vor den Mittagsnachrichten. Es wurde zur rituellen Absegnung der Mahlzeit» *(Culinarium – Essen und Trinken in der Schweiz,* 2003).

Die flüssige Maggiwürze hat Julius Maggi (1846–1912) entwickelt, zusammen mit Bouillonprodukten (1886). Die rein pflanzliche Würze enthält Wasser, Salz, Glutamat, Aroma, Hefeextrakt sowie pflanzliches Eiweiss aus Weizen und Sojabohnen. Die genaue Rezeptur liegt im Tresor von Nestlé; die Firma Maggi, 1934 in

Alimentana AG umbenannt, fusionierte 1947 mit der Nestlé & Anglo-Swiss Condensed Milk Co., heute der Schweizer Weltkonzern Nestlé mit Sitz in Vevey. Julius Maggi hatte die Formel eigenhändig niedergeschrieben und unter Verschluss gehalten.

Der Sohn italienischer Einwanderer hatte 1869 den väterlichen Mühlenbetrieb in Kemptthal (Zürich) übernommen. Nachdem die Branche in eine Krise geraten war, nahm Maggi Ideen des Arztes Fridolin Schuler auf, der als Fabrikinspektor die mangelhafte Ernährung der Arbeiterschaft anprangerte. Die Arbeitstage waren lang, zum Kochen und richtig Essen blieb kaum Zeit, die Leute verbrauchten Kraft und waren am Feierabend zuerst einmal müde. Da Fleisch teuer war, empfahl Schuler zur Kräftigung pflanzliches Eiweiss aus Leguminosen wie Bohnen, Erbsen und Linsen. Maggi, der als Unternehmer personalfreundlich und innovativ war, begann zu experimentieren. 1884 brachte er Leguminosenmehl auf den Markt, zwei Jahre später Maggi-Fertigsuppen. Mit der Flüssigwürze schaffte er den Durchbruch. Als erster Schweizer begriff er die Möglichkeiten von Werbung. Er schuf eine eigene «Reclame und Press-Abteilung».

Julius Maggi beschäftigte einen Texter, der später als Dramatiker berühmt werden sollte: Frank Wedekind. Der mittellose Jurastudent liess sein Talent in Werbesprüchen probegaloppieren:

«Das wissen selbst die Kinderlein:
Mit Würze wird die Suppe fein.
Drum holt das Gretchen munter
die Maggi-Flasch' herunter.»

Maggiprodukte werden zu Beginn des 21. Jahrhunderts in gut 60 Ländern hergestellt. Maggiwürze, Suppen, Bouillons, Salatsaucen, 5-Minuten-Terrinen und andere Fertiggerichte wie *Maggi-Mee* (asiatisches Nudelgericht). «Was einst mit Leguminosenmehl begann», schreiben Hannes Bertschi und Marcus Reckewitz, «führte so auf direktem Weg in die schöne neue Welt von ‹Convenience Food›» (*Von Absinth bis Zabaione,* 2002).

Was Maggiwürze nicht enthält, ist Maggikraut. Die Pflanze heisst eigentlich Liebstöckel, *Levisticum officinale,* und hat im Volksmund den neuen Namen erhalten, weil das Kraut so schmeckt wie die Würze.

Augustiner Schüblig

Brühwurst aus Rind-, Schweinefleisch und Speck in backsteinrotem Schweinsdarm *(Abbildung Seite 156)*.

Die Augustinergasse liegt in der Zürcher Altstadt zwischen Bahnhofstrasse und Weinplatz. Ende der 1950er-Jahre hat dort Metzger Fritz Niedermann den Schüblig in backsteinrotem Schweinedarm kreiert. Wann genau, daran konnten sich sein Neffe wie auch der damalige Wurster nicht erinnern. Heute ist die Metzgerei verschwunden, aber ihr Schüblig hat überlebt und wird in Schlieren als Augustiner Schüblig auf modernem Gerät produziert.

Dazu braucht es sehniges Muskelfleisch von Schwein und Rind, Speck, Gewürze und Eiswasser. Im Blitz wird das Fleisch mit den Gewürzen (Nitritpökelsalz, Pfeffer, Paprika, Koriander, Muskat, Zimt) zu einem feinen Brät verarbeitet: Das Eiswasser kühlt das Fleisch, damit es beim Blitzen mit den scharfen, mit bis zu 5000 Umdrehungen pro Minute rotierenden Messern nicht von Reibungswärme erhitzt wird – sonst gerinnen die Proteine. Es entsteht ein klebriger Teig, in den nun Speck kommt und mageres, sehnenfreies Schweinefleisch, das nicht fein geblitzt, sondern körnig eingemischt wird. Über ein Gerät (Spritze) wird die Wurstmasse in Schweinedärme gestossen und abgebunden. Die Würste hängt man an den Räucherstab und taucht sie zweimal kurz in eine Flüssigkeit auf Blutbasis, um ihnen das backsteinfarbene Leuchten zu verleihen – geschmacklich ist die Farbe neutral. Die Schüblige werden 35 Minuten lang in der Rauch-Koch-Anlage getrocknet, dann weitere 35 Minuten geräuchert. Zum Schluss erwellt man die Schüblige eine halbe Stunde lang in 75 Grad heissem Dampf und kühlt sie sofort ab.

Schüblige sind normalerweise ein Herbst-Winter-Produkt, entstanden aus den Hofschlachtungen der Bauern *(siehe Bauernschüblig)*. Die Metzgerei in Schlieren produziert ihren Augustiner Schüblig während des ganzen Jahres und beliefert damit weitere Metzgereien und Gastronomiebetriebe. Die Wurst wird warm gegessen, zu Kartoffelsalat oder -gratin, mit Brot zu Suppe oder zu grünem Salat. Sie eignet sich auch zum Grillen.

Bassersdorfer Schüblig

Brühwurst aus Rind- und Schweinefleisch mit Speck und Gewürzen in schwarzer Hülle *(Abbildung Seite 156).*

Lokalwürste wie der Bassersdorfer Schüblig sind in der Schweiz eine Seltenheit. Die bekannteste ist die St. Galler Bratwurst, sie enthält das feinste Brät und ist dem Status einer Lokalmatadorin längst entschwunden; sie gehört heute zu den beliebtesten Würsten der Schweiz. Mit Ortsbezeichnungen gibt es im Inventar des kulinarischen Erbes der Schweiz noch die *Hallauer Schinkenwurst* zu finden und den *Augustiner Schüblig,* der nach einer Gasse in der Zürcher Altstadt benannt wurde. Sonst sind es regionale und kantonale Orientierungshilfen, die Wurstnamen näher bezeichnen – wie *Saucisson vaudois* oder *neuchâtelois, Saucisse d'Ajoie, Engadiner Hauswurst, Emmentalerli, Urner Hauswurst* und andere.

Den Bassersdorfer Schüblig hat ein Bassersdorfer namens Siber ausgetüftelt. Der junge Metzgergeselle suchte Ende des 19. Jahrhunderts in Lyon Arbeit und lernte in der französischen Wurstmetropole *(Les Halles de Lyon* sind das adäquate Schlaraffenland) die Freuden des Pökelns und Pröbelns kennen. Nach knapp einem Jahr kehrte er nach Hause zurück und realisierte eine eigene Idee: Er stellte Würste her, deren Hülle er mit einem Lack auf der Basis von Harz bestrich und die er anschliessend mehrere Stunden lang über mottendem Tannenreisig räucherte. Das Brät war anfänglich eher grob mit sicht- und fühlbaren Fleisch- und Speckstückchen drin, wurde mit den Jahren relativ fein und bindig.

Zu Sibers Zeiten kannte man den Fleischwolf, der in den 1830-Jahren erfunden wurde, aber noch nicht den Blitz, der mit scharfen Messern das Fleisch hochtourig zerschneidet, seine Zellmembranen aufbricht und das Eiweiss freisetzt, das sich mit dem Fett zu einer teigigen Emulsion verbindet. Der erste elektrisch betriebene Blitz (mit etwa 1000 Touren Leistung) kam wahrscheinlich wie der Haushaltsmixer in den 1930er-Jahren auf. Vor dem Fleischwolf gab es Entwicklungsschritte wie das zweifache Wiegemesser, später (und nach dem Fleischwolf) wurde das Handwerkzeug Wiegemesser ausgebaut zum riemenbetriebenen Wiegegatter: Ein Block von sechs, sieben nebeneinander montierten Wiegemessern (Gatter) zerkleinerte, angetrieben durch Dampfkraft, auf einer runden Fläche das Fleisch. Damit konnte man sehr feinkörniges Brät herstellen, aber noch keine emulsionsartige Masse. Wie das funktioniert, kann man selber ausprobieren: Eiskaltes Hühnerfleisch mit etwas Rahm in den Haushaltscutter geben und würzen, dann mixen, bis es sich in eine feine Paste ohne spür- und sichtbare Körnung verwandelt hat. Mit einem Löffel *Quenelles* formen und in kochender Bouillon garen.

Sibers schwarze Wurst erregte Aufsehen; mit Ingwer in der Würzmischung schmeckte sie auch etwas ungewohnt. Zu Beginn der 1990er-Jahre übernahm ein auswärtiger Metzger das Geschäft. Zuerst musste er die eingeschwärzte Wursterei von ihrer Patina befreien. Seither hantiert er nicht mehr mit der Harzmischung, mag sie noch so magisch sein, sondern füllt die Wurstmasse in schwarz gefärbten, aus Tierhäuten fabrizierten Eiweissdarm.

Der Bassersdorfer Schüblig, wie sein Augustiner Verwandter eine Brühwurst, hat ein leicht gesprenkeltes Schnittbild, einem Bauernfleischkäse nicht unähnlich. Er passt zu einer kräftigen Erbsen- oder Gemüsesuppe, zu Kartoffelgratin oder -salat, zu gebratenen Kartoffeln oder ähnlichen Beilagen.
— *Siehe auch: St. Galler Schüblig (Band 3), Glarner Schüblig (Band 4).*

Bauernschüblig

Geräucherte, eher kleine Rohwurst aus gescheffeltem Rind- und Schweinefleisch mit Speck und Gewürzen *(Abbildung Seite 156).*

Die Schweiz in Würsten verläuft recht gradlinig: Von Westen nach Osten, von Süden nach Norden wird das Wurstbrät immer feiner, es gipfelt in der St. Galler Bratwurst und im Basler Aussteller, in beiden Würsten lässt sich kaum mehr Körnung feststellen.

Salame und *Luganiga* im Süden, *Saucisson* im Westen, Zungenwurst und Hauswurst in der Mitte, dann langsam die Bauernwurst, das Rauchwürstli, der Bauernschüblig – die schweizerische Wurst-

Weggli *(Seite 178)*, Bassersdorfer Schüblig *(Seite 154)*, Weisflog Bitter *(Seite 192)*, Bauernschüblig *(Seite 155)*, Augustiner Schüblig *(Seite 153)*, Zürcher Brot *(Seite 181)*, Schweinswürstchen *(Seite 159)*

karte kann man nicht in scharfen Strichen zeichnen, die Grenzen sind verwischt und fliessend. Der Bauernschüblig ist ein gutes Beispiel dafür, er könnte ein Landjäger sein, würde man ihn in die entsprechende Form pressen, oder eine Hauswurst, würde er im Wallis hergestellt. Aber er ist ein Schüblig, und den Schüblig kennt man vor allem in der Nordostschweiz zwischen der westlichen Kantonsgrenze von Zürich und dem Bodensee. Im Unterschied zu Augustiner und Bassersdorfer wie auch St. Galler ist der Bauernschüblig (wie der Toggenburger Artgenosse) eine Roh- und keine Brühwurst.

Im *Idiotikon* wird eine Quelle aus dem Jahr 1293 zitiert, zwei Jahre nach dem Rütlischwur: Der *Cellerarius* (Wirtschaftsverwalter) des Stifts Grossmünster war verpflichtet, dem *Canonicus* (Chorherrn) zwei *inschubelinge* zu liefern. Zur Zusammensetzung dieser Würste sagt die Quelle nichts. Im *Deutschen Wörterbuch* von Jacob und Wilhelm Grimm findet man den Satz «*mancherley trachten werdend von dem schweyn bereitet, blut oder rooswürst, läberwürst, bratwürst, schübling, sultzen und dergleychen*». Im 19. Jahrhundert verdichten sich die Hinweise auf eine Zusammensetzung aus Rind- und Schweinefleisch mit Speck und Schwartenstücken, relativ grob gescheffelt. Heute hat sich das insbesondere in den Brühwürsten verfeinert – man mag nicht mehr alles sehen, was drin ist.

Der Bauernschüblig ist eine klassische Verarbeitungsart der Hofschlachtung: Fleischreste und Parüren, Speck und Schwarte zerhacken, würzen, in Därme stopfen, abbinden und konservieren – an der trockenen Luft in den Alpen, in kälterem oder wärmerem Rauch in feuchteren Gefilden. Während zu Beginn des 20. Jahrhunderts zunehmend gewerbliche Metzgereien entstanden, blieb der Bauernschüblig ein bäuerliches Produkt und entsprechend variantenreich im Geschmack. Im 19. Jahrhundert kam es wiederholt zu Missbräuchen: Der billige, bei der Arbeiterschaft in den Städten beliebte Bauernschüblig wurde gerne mit Stärke, Mehl oder Brot gestreckt, was im besten Fall niemand merkte und im schlechtesten gesundheitliche Schäden verursachte. 1870 führten Basel und Zürich sowie weitere Kantone jährliche Wurstkontrollen ein.

Gemäss Lehrbuch *Schweizer Wurstwaren – Saucisses de chez nous* (1988) der Schweizerischen Fachschule für das Metzgereigewerbe nimmt man für einen Bauernschüblig Kuh- (40 Prozent) und Schweinefleisch (35 Prozent) sowie Rückenspeck (25 Prozent), würzt mit Nitritpökelsalz, Kochsalz, Pfeffer, Knoblauch, Rum oder Rotwein, scheffelt oder blitzt die Masse bis zu einer Körnung von drei bis vier Millimetern, füllt sie in Schweins-, Rindsdarm oder Hautfasersaitling ab und überlässt sie dann kaltem oder schwarzem Rauch.

Den Bauenschüblig isst man roh, in der Hand oder auf einem kalten Plättli. Es gibt vereinzelt auch Bauernschüblige zum Brühen. — *Siehe auch: Gumpesel (Band 2), Ramswurst (Band 2), Appenzeller Pantli (Band 3), Landjäger (Band 3), Toggenburger Bauernschüblig (Band 3).*

Schweinswürstchen

Dünnes, kurzes und geräuchertes Würstchen mit hohem Schweinefleischanteil *(Abbildung Seite 156).*

Menschen, die nur wenig Fleisch essen mögen, ist das Schweinswürstli zu empfehlen. Es ist dünn und kurz und hat einen runden aromatischen Geschmack mit etwas Rauch; wenn man es in ein bis anderthalb Zentimeter dicke Rädchen schneidet und einer kernigen Suppe oder einem Linseneintopf beigibt, versinkt es optische im Topf, wirkt geschmacklich aber wie ein Gewürz.

Dennoch ist es im Grunde Verschwendung, ausgerechnet Fleischmuffeln das Schweinswürstli zu empfehlen. Die Komposition aus 67 Prozent halbmagerem, gröblich gescheffeltem Schweinefleisch, 25 Prozent geblitztem Rindfleisch, 8 Prozent Schwartenblock und den Gewürzen Nitritpökelsalz, Pfeffer, Muskatnuss, Koriander, Streuwürze und Kümmel enthält mehr reines Muskelfleisch als die meisten Brühwurstarten. Das gebogene, geräucherte Würstchen ist ein Edelstück, verwandt mit dem Emmentalerli, das aber einen höheren Anteil an Rindfleisch aufweist.

Das gescheffelte Schweinefleisch wird mit dem Grundbrät (Rindfleisch und Schwartenblock) und den Gewürzen vermengt, dann in Schafsaitendärme gestossen und paarweise abgedreht; nachher werden die Würstchen in der Rauch-Koch-Anlage getrocknet und dank Nitritpökelsalz umgerötet (sonst blieben sie grau), anschliessend bei 50 bis 60 Grad geräuchert, herausgenommen, eine halbe Stunde lang in 72 Grad heissem Wasser pochiert und sofort abgekühlt, damit sie nicht einfallen.

Die Geschichte des Schweinswürstlis reicht schriftlich nicht all zu weit zurück – im *Atlas der Schweizerischen Volkskunde* wird es in den 1930er-Jahren in der Nordwestschweiz angesiedelt. Der Basler Journalist Gustav Adolf Wanner beschrieb in *Das Basler Metzgerhandwerk* (1981) «Kuttler» und «Bräter»: Die Kuttler verarbeiteten und verkauften die Füsse und Innereien der geschlachteten Tiere, den Brätern stand «seit dem Jahr 1686 das Privileg zu, Schweine zu schlachten und Schweinswürste herzustellen; dagegen war es ihnen nicht gestattet, einen Fleischbank oder einen offenen Laden zu halten».

Man kann wahrscheinlich davon ausgehen, dass das kleine Format des Schweinswürstlis entstand, als das Metzgergewerbe sich auszubreiten begann. Das Würstli fand zuerst in Städten Zuspruch und verbreitete sich via Deutschschweiz übers ganze Land.

— *Siehe auch: Emmentalerli (Band 2).*

Fisch

Geräucherter Felchen

Süsswasserfische der Gattung *Coregonus,* im Rauch veredelt *(Abbildung Seite 184).*

Süsswasserfische beglücken Köche nicht all zu sehr – nur besonders engagierte oder ambitionierte geben sich echte Mühe, der heiklen Beschaffenheit dieser zarten Wesen gerecht zu werden. Das Meer bietet weit mehr Möglichkeiten an Arten und Konsistenzen, Grössen und Formaten, an rotem und weissem Fleisch. Doch während man an Sashimi oder einem Haifischsteak nicht all zu viel kaputt machen kann, braucht es beim Süsswasserfisch wenig, und schon liegt er trocken, mehlig oder zur Unidentifizierbarkeit zerfasert auf dem Teller.

Von den mehr als 30 heimischen Fischarten, von denen die Minderzahl das Format zur kulinarischen Verarbeitung aufweist, erträgt eigentlich nur der Lachs Verarbeitung, oder der Karpfen; alle andern, vor allem die Edelfische wie Forellen, Felchen und Egli, müsste man *au bleu* anbieten, kurz in heissem Dampf oder Wasser gegart, zurückhaltend aromatisiert mit etwas Salz, Weisswein, Kräutern. Die Sauce nimmt man besser zur Beilage, Salzkartoffeln oder Reis.

Den Felchen (*Coregonus* sp.) findet man auf der ganzen Welt. Er ist ein Verwandter der Salmoniden, der Lachs- und Forellenartigen, und wie diese von Haus aus ein Wanderfisch. In der Schweiz reist er weniger, er ist in den Seen hängen geblieben, hat sich dort mit den Umständen arrangiert und eigene Arten entwickelt. «Ein Mechanismus zur Bildung neuer Arten ist die räumliche Isolation», schreibt die Biologin Marion Mertens im Buch *Der Lachs – Ein Fisch kehrt zurück* (2011). «Ein gutes Beispiel dafür sind alpine Seen nach der Eiszeit. Nur wenige Fischarten überlebten die Kältephase in nicht vereisten Gebieten. Als es wieder wärmer wurde, waren die Alpenrandseen (zum Beispiel Zürich- und Bodensee, Vierwaldstätter- und Genfersee) von lachsartigen Fischen besiedelt, den Felchen oder Renken. In den letzten 10 000 Jahren konnten die Felchen nicht mehr von einem See zum andern wandern, und so entstanden in jedem See eine oder mehrere Arten, die an die jeweiligen Bedingungen in ihrem Heimatsee optimal angepasst waren. Im Vierwaldstättersee beispielsweise gibt es vier Felchenarten: Schwebbalchen, Albeli, Bodenbalchen und Edelfisch.»

Lange Zeit hielten die Bewohner der Seeregionen ihre Felchen als einzigartig, als autochthon. Sie gaben ihnen Namen: *Balle, Blalig, Felchen* und *Albeli,* eine kleinwüchsige Schwebfelchenrasse, im Zürich-, Zuger- und Pfäffikersee; im Bodensee *Sandfelchen, Gangfisch, Blaufelchen, Kilch* und *Weissfelchen; Bondelle* heisst der mittelgrosse Felchen, der aus dem Neuenburgersee gezogen wird, und *Palée* mit zunehmender Körperlänge, *Sandfelchen* in andern Gewässern; in Bieler- und Murtensee *Bondelle* oder *Pfärrit;* in Lac Léman und Lac de Joux nennt man den Felchen *Féra* und *Gravenche* für *Palée.* Gleichenorts sowie am Lac du Bourget in Savoyen kennt man *Lavaret.* In Thuner- und Brienzersee *Brienzling, Kropfen, Balchen, Albock.* Und im Tessin? Zur Abwechslung ganz einfach: *Coregone* oder *Lavarello.*

Der Felchen ist der Brotfisch der Berufsfischer. Den Gangfisch vom Bodensee räuchert man seit dem 14. Jahrhundert, an den andern Seen ist diese Veredelungsmethode nach dem Zweiten Weltkrieg aufgenommen worden als Zusatzverdienst der Berufsfischer; am Genfersee sogar erst Ende der 1970er-Jahre. Das Räuchern muss behutsam geschehen, sonst schmeckt das Resultat wie Karton.

Die Fische werden ausgenommen, entschuppt und während 24 Stunden in Salzlake mit Gewürzen mariniert. Nachher breitet man sie auf Gittern aus oder hängt sie an Haken und schiebt sie (vor allem) in Laubholzrauch (harziges Tannenholz wirkt oft zu stark); bei 80 bis 130 Grad Hitze bleiben sie etwa eine Stunde lang im Rauch – die Zeit richtet sich nach der Grösse der Fische, der Temperatur und den atmosphärischen Bedingungen. Es folgt die Endverarbeitung je nach Kundenwunsch, filetieren, Flossen entfernen, Haut abziehen, Gräten zupfen; bevor sie verpackt werden, sollte man sie etwas ruhen lassen, damit sich die Aromen setzen und verteilen können. Der Gangfisch vom Bodensee wird kalt bei maximal 25 Grad geräuchert.

Geräucherte Felchen isst man kalt oder verarbeitet sie weiter, zum Beispiel zu einer Mousse. Das folgende Rezept stammt von einem Neuenburger Fischer: Zwei bis drei Filets mit einer Gabel zerdrücken, einen Teelöffel Senf dazugeben, etwas Cognac und Rahm, alles gut verrühren; im Kühlschrank ziehen lassen, abschmecken und auf Toastscheiben streichen.

— *Siehe auch: Gangfisch (Band 3).*

Früchte, Gemüse und Pflanzen

Pommes Chips

Knusprig frittierte Kartoffelscheiben mit verschiedenen Würzungen *(Abbildung Seite 184).*

Sie sind heute so selbstverständlich wie die Kartoffeln selber, aus denen sie hergestellt werden. Dabei haben die Europäer schon ein bisschen Zeit gebraucht, um sich an die Knollen aus der Neuen Welt zu gewöhnen. Die Kartoffel wurde im 16. Jahrhundert von den spanischen Entdeckern nach Europa gebracht; in den Ausgabe-Büchern des Hospital de la Sangre in Sevilla – der Hafenstadt, in der die Schiffe aus Amerika ein- und ausliefen – sind Kartoffelkäufe aus dem Jahr

1573 notiert. In der Schweiz begann sich der Kartoffelanbau ab 1770 durch- und festzusetzen. Siehe auch *Härdöpfeler, Seite 73.)*

Die Chips-Idee ist in den USA ausgeheckt worden; der genaue Ursprung ist nicht bekannt, aber Indizien führen ins frühe 19. Jahrhundert zurück. In den 1920er-Jahren befanden sich die Chips in den USA auf expansivem Kurs; in Europa wurden sie langsam bekannt. 1950 begann Hans Meier, angespornt durch den Erfolg in den USA, mit seiner Frau eine handwerkliche Chipsproduktion vor den Toren Zürichs. An einem Tag wurden 160 Kilo Kartoffeln mit Krauthobel und Fritteuse in 40 Kilo Chips verwandelt. Nach dem plötzlichen Tod Meiers 1955 übernahm, verwandtschaftlich verbunden, die Familie Zweifel in Höngg das Geschäft. Der Rest ist Legende. Mit ihrem emblematischen «Z» (Zweifel, nicht Zorro) und dem schweizweit operierenden Frischservice hat die Firma Zweifel ihren «Pomy-Chips» den Eintrag ins Inventar des kulinarischen Erbes der Schweiz beschert – zu verdanken insbesondere den Paprika Chips, der mit Abstand beliebtesten Sorte. Chips werden heute nicht nur von Zweifel produziert.

Die erste Automatisierung traf in Form einer Maschine 1960 aus Amerika ein. Heute erledigt eine 36 Meter lange Chips-Linie die ganze Arbeit. Die Kartoffeln geeigneter Sorten wie Lady Jo, Lady Claire, Lady Rosetta, Erntestolz, Marlen, Fontane, Panda, Hermes oder Markiel werden gebürstet, gewaschen, nach Grössen sortiert, geschält, als Ganzes kontrolliert, in 1,2 Millimeter dünne Scheiben geschnetzelt; dann wird in einem Waschgang die Stärke weggespült, die Scheiben werden geduscht und auf einem vibrierenden Band möglichst wasserfrei geschüttelt, bevor sie auf einem neun Meter langen Ölband in fliessendem, 160 Grad heissem Sonnenblumenöl frittiert werden. Sie laufen über das Abtropfband, eine Kamera meldet fehlerhafte Chips, die weiter vorne automatisch aussortiert werden. Am Ende des Prozesses werden die Chips gewürzt und verpackt.

«Ungenannte und ungezählte Horden würden zustimmen, dass *chips, frites, French fries* keine wirkliche Konkurrenz haben», schreibt Alan Davidson *(The Oxford Companion to Food,* 1999). Bleibt zu präzisieren, dass man im Normalfall Pommes frites heiss isst und Pommes Chips kalt – am liebsten wohl vor dem Fernseher. Damit es schön knackt, wenn beim Krimi die Spannung im Nacken kribbelt.

Grittibänz

Hefegbäck in Gestalt einer Männer- oder Frauenfigur; traditionell zum Samichlaustag *(Abbildung Seite 166).*

Im *Handwörterbuch des deutschen Aberglaubens* (1931, 1987) kann man sich seitenlang über Gebildbrote informieren – Brote, deren Formen von symbolischer Bedeutung sind. Solche Brote gab und gibt es in Mengen. Rasch vermutet man, da wimmelt es nur so von archaischen Riten und Gebräuchen, und vergisst dabei, dass Gebäck in Form von Tieren oder Menschen auch schlicht als Spielerei modelliert werden kann. Das Handwörterbuch lässt Vorsicht walten: «Für viele Gebildbrote, welche die Form von Menschen oder Tieren, besonders von Haustieren, haben, können wir nachweisen, dass sie Teigopfersubstitute der entsprechenden blutigen Opfer sind; Parallelen aus Gebräuchen der antiken und anderer Völker bekräftigen das. Es wäre aber vollkommen verkehrt, hinter jeder Tiergebäckform oder hinter jedem Teigmännchen diesen tieferen Sinn zu vermuten.»

Also darf man beruhigt davon ausgehen, dass in der Schweiz auch ein symbolischer Kannibalismus überwunden sein dürfte – wer hat schon Appetit auf einen «alten bärtigen Mann, der mit gespreizten Beinen dasteht»? Mit diesen Worten erklärt Conrad G. Weber die Bezeichnung *Gritti,* die ja nicht weit neben dem *Grätti* liegt, ebenfalls ein Synonym für einen alten, klapprigen Mann. *Bänz* kann «sowohl eine Abkürzung von Bernhard als auch von Benedikt sein», erklärt der Sprachwissenschafter *(Brauchtum in der Schweiz,* 1985).

Den *Gritti* gibt's aber auch als *Grittli,* zwar seltener, aber wahrscheinlich seit längerer Zeit. Vom Zürcher Reformator Heinrich Bullinger ist ein Niklausspruch bekannt (1546): *«De Felix nehm zem ersten s'Horn, Das Fröwli esse er erst morn».* Der Gebäckforscher Max Währen sah im *Fröwli* einen weiblichen Grittibänz (1991). Weibliche Bänzen kannte man auch andernorts, etwa im Berner Oberland.

Warum am 6. Dezember, dem Niklaustag, «der kinderrettende kleinasiatische Heilige zum kinderbeschenkenden Heiligen» (Weber) geworden ist, warum also Lebkuchenchläuse und Grittbänzen verschenkt und gegessen werden, scheint nicht so klar zu sein.

«Die Verehrung des Nikolaus als Heiliger begann gleich nach seinem Tod», schreibt Albert Christian Sellner (*Immerwährender Heiligenkalender,* 1993), «die Gebeine wurden 1087 vor den Sarazenen gerettet und nach Bari gebracht. Man errichtete ihm zu Ehren eine grosse Kirche, wo die Reliquien in einem kostbaren Schrein ruhen. Aus einer Öffnung darin fliesst eine balsamähnliche Feuchtigkeit, der viele wunderbare Wirkungen beigemessen werden». Im 11. Jahrhundert entstanden verschiedene Bräuche in Europa, zum Beispiel wurde in Nordfrankreich am Niklaustag unter den Schülern ein Kinderbischof gewählt, der Beschwerden vorbringen und die Erwachsenen bestrafen durfte. Im 14. Jahrhundert zogen in Basel am 6. Dezember Schüler mit einem kostümierten Kinderbischof um die Häuser, am Ende der Veranstaltung erhielten sie einen Wecken aus Weissmehl.

Ab dem 19. Jahrhundert weisen immer mehr Zeugnisse auf Teigmännchen hin. Einem Artikel im «Aargauer Tagblatt» (16.2.1963) ist zu entnehmen, dass der Deutsche Ernst Ludwig Rochholz (1809–1892), Kantonsschullehrer und Gebäckforscher in Aarau, am 6. Dezember 1835 auf der St. Petersinsel im Bielersee Kindern beim Spielen mit *Manoggle* zugeschaut hat, Brotmännchen, die ihnen ihr Vater zum Niklaustag aus Twann mitgebracht habe. Gemäss *Atlas der Schweizerischen Volkskunde* war der Grittibänz zu Beginn des 20. Jahrhunderts fast ausschliesslich im Mittelland zu Hause. In der zweiten Hälfte des 20. Jahrhunderts verbreitete sich der Grittibänz auch in der Romandie. Das eindrücklichste Fest in der Schweiz erlebt St. Nikolaus in Freiburg, wo er als Stadtpatron verehrt wird.

Mit dem Grad der Bekanntheit stieg auch die Vielfalt der (regionalen) Bezeichnungen: Neben Grittibänz also *Benz* oder *Bänz, Grättimaa* (Region Basel), *Elggermaa* (Kanton Zürich und Thurgau), *Brötige Maa, Chläus, Bonhomme de Saint Nicolas, Bonhomme de pâte, Bonhomme, Mannala* (Elsass). Zu Beginn des 21. Jahrhunderts ist der Grittibänz im ganzen Land zu finden, dies wohl in erster Linie dank der Logistik der Grossverteiler.

Für Grittibänzen verwendet der Bäcker einen Teig aus Weissmehl. Es kann ein Zopfteig sein, ein Milchbrot-, Weggli- oder Süssteig. Je nach Grösse des Teiglings schneidet und formt der Bäcker einen kaum oder ziemlich detaillierten Grittibänz mit Kopf, Beinen,

Kirche in

Birchermüesli *(Seite 190)*, Tirggel *(Seite 175)*, Geduldszeltli, Hosenknöpfe *(Seite 168)*, Mohrenkopf *(Seite 170)*, Grittibänz, ein Basler Pirat *(Seite 164)*, Vermicelles *(Seite 176)*

Armen; aus Teigresten modelliert er Kleidungsstücke wie Halstuch und Gürtel sowie frei nach Gusto weitere Accessoires und klebt sie auf den Körper. Nach einer Weile im Gärschrank erhalten die *Bänzen* noch Augen, Knöpfe aus Sultaninen, selten Wacholderbeeren. Mit einer Schere schneidet der Bäcker den Mund in den Kopf. Der Basler *Grättimaa* erhält noch Hagelzucker auf den Bauch. Es gibt moderne Fliessband-Grittibänzen, die als solche nur vage zu erkennen sind.

Geduldszeltli und Hosenknöpfe

Runde, flache, meringueähnliche Süssigkeiten *(Abbildung Seite 166).*

Kleine Süssigkeiten hat man früher vor allem in Städten hergestellt, weil dort eine betuchtere Kundschaft bereit war, für etwas Besonderes etwas mehr zu bezahlen. Geduldszeltli, auch Hosenknöpfe genannt, sind ein Spezialfall, sie findet man auch auf dem Land – nicht nur im Kanton Zürich, auch im Appenzellischen. Leckereien unter diesem Namen gibt es ebenfalls in Graubünden, die Thusner oder Maseiner Hosenknöpfe, die allerdings aus einem andern Teig gebacken werden.

Ein *Zeltli* ist ein Bonbon, das in Basel *Däfi* heisst, und etwa dieses Format weisen die Geduldszeltli auf – ein Zentimeter im Durchmesser. Sie sind ein Nischenprodukt, das es offenbar bis in die 1970er-Jahre auch in Basel gab. Aus der Rheinstadt jedenfalls stammt das älteste gefundene Rezept für *«Doppelte Geduldstäfelein»,* erschienen in *Originalrezepte der alten Basler Küche* (1978), die Anita Rauch aus drei Familienkochbüchern von 1822, 1825 und 1847 entnommen hatte. Auch Amalie Schneider-Schlöth, deren *Basler Kochschule* erstmals 1877 erschien, präsentierte Geduldstäfeli *(Basler Kochschule,* Neubearbeitung von Andreas Morel, 1983).

Auffallend dabei ist die Konstanz der Zutaten, die seit mehr als 100 Jahren kaum verändert worden sind. Unterschiede lassen sich in Nuancen feststellen, Bergamottöl oder Rosenwasser zum Aromatisieren, Zitronenschale und (oder) Vanille; wenige geben etwas Kakao in die Grundmasse.

Zuerst schlägt man Eiweiss steif, zieht Puderzucker darunter und dann Mehl – im Mehl unterscheidet sich die Masse von Meringue. Mit dem Mehl gibt man die Aromen dazu. Die Masse darf nicht zusammenfallen, sie muss luftig sein. Der Konditor füllt sie in einen Dressiersack und drückt gleiche Portionen aufs Blech, die anschliessend angetrocknet werden. Je nach Raumklima dauert dies unterschiedlich lang, ein bis drei Tage, im Sommer manchmal noch länger: ein *Zeltli,* dem Ungeduld schlecht bekommt. Wenn sich die *Zeltli* von der Backunterlage heben lassen, sind sie reif für den Ofen. Man backt sie bei niedriger Temperatur fünf bis zehn Minuten lang, bis sie goldgelb sind. Wenn es zu heiss ist, caramelisiert der Zucker.

Geduldszeltli werden nicht in rauen Mengen hergestellt. Man findet sie am ehesten zur Weihnachtszeit; im Appenzellischen sind die Hosenknöpfe während des ganzen Jahres erhältlich, Touristen schätzen sie als Souvenir.

— *Siehe auch: Meringues (Band 2 und Band 5).*

Hüppen

Hauchdünnes Gebäckröhrchen mit Füllung.

Wenige Süssigkeiten mit einem fast nationalen Verbreitungsgrad werden so eindeutig auf einen Ort bezogen wie die Gottlieber Hüppen. Gottlieben (Thurgau) liegt am Bodensee, die Hüppentradition gibt es schon lange. Königin Hortense Bonaparte genoss die *Gaufrettes,* als sie von 1817 bis 1837 auf Schloss Arenenberg lebte. Auch ihr Sohn, Kaiser Napoleon III., soll das knusprige Röhrchen aus zartem Teig geschätzt haben. Im Röhrchen selber war freilich nicht viel mehr drin als Luft, man konnte bestenfalls mit der Hülle in ein Häufchen geschlagenen Rahms fahren; erst «1938 begann man die bis anhin leeren Hüppen als erste Manufaktur mit einer Praliné-Masse zu füllen» *(Gottlieber.ch).*

Die Hüppen-Gegenwart mag sich gewichtig am Bodensee ballen, die Ursprünge des zarten Gebäcks reichen weit über den Bodensee hinaus tief in die Vergangenheit hinein. Wahrscheinlich in Klöster, wo aus Oblatenteig (Wasser, ungesäuertes Weizenmehl) Hostien gebacken wurden. Im Benediktinerkloster Hirschau in Schwaben sollen bereits im 11. Jahrhundert Hüppen gerollt worden sein; gesichert ist der Spruch auf einem der Ausrufbilder von David Herrliberger (1697–1777), den man damals auf Zürcher Märkten gehört haben dürfte: «*Hüp! Wer nichts hat als den leeren Schein, der wird wie unsre Hüpen sein*» (1748). Der Schaffhauser Prediger Geiler von Kaisersberg (1445–1510) berichtete, «*das sind Offlatenröhrlin, Hippen, das ist aber eine arme Spis. Das ist ein wenig Mehl und Honig, es ist ein wenig süss in dem Mund*» (Johann Jakob Schenkel, *Das Schweizervolk in seinem Essen und Trinken,* 1900). Honig klingt etwas kostspielig für eine *arme Spis,* war aber immer noch billiger als Zucker, der im 16. Jahrhundert hierzulande in Gebrauch kam und bis ins 18. Jahrhundert teuer blieb. Das erste Rezept für «Zürcher Hüppen» stammt von Anna Margaretha Ziegler. Hüppen waren im Gleichklang mit den Offleten sehr präsent im Zürcher Zunftleben.

Früher war die Produktion mühselige Handarbeit, heute verläuft sie grösstenteils maschinell. Der elastische Teig aus feinem Zucker, Weizenmehl, Milch- und Eigelbpulver sowie Emulgatoren (Bindemittel) wird auf einem Rollband bei 200 Grad hellbraun gebacken, dann über einen drehenden Eisenstab gerollt; die Hüppe erhält ihre Form und wird mit Gianduja oder einer andern Masse gefüllt. Die überdimensionale Hüppe wird gekühlt, «der Zucker wird hart, deshalb ist das Biscuit brüchig» (Produzent), und anschliessend in die gewünschte Länge geschnitten.

Mohrenkopf

Kugel aus gebackenem Biscuitteig, mit Vanillecrème gefüllt und mit dunkler Schokolade überzogen *(Abbildung Seite 166).*

Wer hat wohl diesen Namen geprägt? Heute kann man Mohrenkopf eigentlich nicht mehr sagen, auch wenn er Nase und Gaumen schmeichelt und niemand auf die Idee kommen würde, der Name eines Pâtisserie-Stücklis sei despektierlich gemeint, das so leicht über die

Lippen rutscht wie eben der – ja. *Political Correctness,* die jegliche Verunglimpfung von Herkunft, Aussehen und angeborenem Verhalten aus der Sprache vermeiden soll, verbietet es. Das Stückli freilich befindet sich in abwechslungsreicher Gesellschaft: An der Niederdorfstrasse 31 in Zürich befindet sich das Café «Mohrenkopf»; der Mohrenkopf ist auch ein Schmetterling, *Canephora unicolor,* der Grosse Sackträger; ein Edelstein der Turmalingruppe; eine Haustaubenrasse; ein Pilz, *Lactarius lignyotus,* der Mohrenkopf-Milchling; im Schatz der Sachsen gehört der silberne Mohrenkopf-Pokal zu den wertvollsten Stücken; der Mohrenkopfschimmel ist ein Stichelhaariger Rappe; eine Wasserkühlung im Destillierhelm eines frühen *Alambics* heisst Maurenkopf, *Caput Mauri;* und nicht zu vergessen der Mohrenkopf in den Allgäuer Alpen, er ragt 1645 Meter über Meer.

In diese Reihe gehört auch der andere Mohrenkopf, einst Negerkuss genannt. Wie ein Kopf sieht diese Süssigkeit allerdings nicht aus, eher wie ein kleiner Zylinder: Auf einem dünnen, runden Waffelboden wird eine luftige weisse Schaummasse aus Zuckersirup, pasteurisiertem Eiweisspulver und etwas Geliermittel aufgesprüht; das Gebilde reist dann auf dem Fliessband unter einer Schokoladedusche durch. Dieser «Kuss» wird fast nur industriell hergestellt. Wer sich ein bisschen Mühe gibt, nennt ihn schon lange Schokokuss.

Wie soll man also das Stückli bezeichnen? Leider ist der Begriff Schokoladekugel längst und variantenreich besetzt. Schoggibiscuit mit Vanillefüllung? Das klingt korrekt, aber auch etwas technisch, ausserdem stimmt es nicht, denn der Biscuit besteht aus einem hellen, klassischen Biscuitteig, der am Ende mit dunkler Couverture überzogen wird. Im *Universal-Lexikon der Kochkunst* (1890) heisst der Mohrenkopf auch Indianer-Krapfen. In Schweizer Kochbüchern taucht er erstmals im 19. Jahrhundert auf, zum Beispiel im *Heinrichsbader Kochbuch* von Louise Büchi, publiziert 1897 bei Orell Füssli in Zürich. Er fand rasch gute Aufnahme, bereits dreizehn Jahre später wurde in einem anderen Zürcher Kochbuch ein weiteres Rezept platziert, in *Grosses Schweizerisches Kochbuch* von Anna Bosshard. Vermutlich stammt die Grundidee aus Wien, einer Hochburg europäischer Zuckerbäckerei. In einem Kochbuch von 1827 erschien dort das Rezept für einen *Chocolate-Krapfen,* der nicht mit Vanillecrème gefüllt war, sondern mit geschäumter Milch.

Der Herstellungsprozess beginnt mit den Biscuitschalen. Damit sie die richtige Form erhalten, dressiert der Bäcker die Teigmasse auf ein spezielles Backblech mit halbrunden Ausbuchtungen. Nach dem Backen werden die Schalen mit einer Ausstechform gleich gross gestochen. Der Bäcker füllt die Biscuitschalen mit Vanillecrème, angereichert mit flüssigem Rahm, und setzt aus zwei Hälften eine Kugel zusammen. Diese bestreicht er mit warmem Aprikosengelee, damit der Überzug aus heissem Schokoladefondant nicht im Biscuitteig versickert. Aprikosengelee verhindert das Eindringen und lässt die Schokolade erst noch hübsch glänzen.

Es gab auch schon früher Bemühungen, den Namen zu ändern. Im Fachbuch *Der Schweizer Bäcker-Konditor* aus dem Jahr 1944 wird der Name «Othello» als Synonym aufgeführt. Gebracht hat das nichts, geblieben hingegen ist die Bezeichnung Othelloteig für den Mohrenkopf-Biscuitteig. Mohrenköpfe sind in der ganzen Schweiz verbreitet. — *Siehe auch: Mohrenkopf (Band 2).*

Offleten

Dünne, runde und brüchige Waffeln mit eingeprägtem Motiv.

Ähnlich wie Krapfen sind Waffeln ein weites Feld: Es gibt weiche und harte, dickere und ganz dünne, elastische und brüchige, salzige und süsse, flache oder gerollte. Der Basisteig von Offleten und Hüppen ist identisch, Abweichungen erfolgen bei der weiteren Verarbeitung. Die Hüppe wird gebacken, gerollt und gefüllt; der Offletenteig wird gesüsst oder gesalzen (erst in neuerer Zeit), dann ausgewallt und mit innen verzierten Brenneisen gebacken. Sie ist flach, rund, hauchdünn und weist einen Durchmesser von etwa 20 Zentimetern auf.

Der Name «Offlete» lässt sich von Oblade, Oblate herleiten, einem Teig aus ungesäuertem Weizen- oder Maismehl, der papierdünn gebacken wird. In der katholischen Liturgie werden Oblatenplättchen seit dem 8. Jahrhundert als Hostien gereicht, in den Konditoreien dienen sie als «schützende Unterlage für Kleingebäck ohne eigene Stabilität wie Leb-, Honig- und Pfefferkuchen oder Makronen» *(Das Gourmet-Handbuch,* 2000). In Zürich stammen schriftliche Zeugnisse über die Offleten vor allem aus dem Zunftleben vom 16. Jahrhundert bis zur Aufhebung der Zünfte 1798. Offleten wurden früher auch in den Kantonen Uri und Luzern sowie in den Städten Rapperswil und St. Gallen konsumiert. Berner und Emmentaler *Bretzeli* sowie *Bricelets* sind ähnliche Produkte. Auf den Innenseiten der Bretzeleisen waren häufig Wappen eingraviert, Insignien der Zünfte wie in Zürich oder von Familien wie in Uri: auf der einen Seite das Wappen des Gatten, gegenüber das der Gattin, zusammengepresst eine eiserne Hochzeit bis ans Ende der Tage.

Früher verlangte das Herstellen von Offleten viel Handarbeit – allein schon das ständige Aufklappen, Füllen und Zusammendrücken der eisernen Bretzelzange zehrte an den Kräften, erst recht das Backen, als man die Zange über das Feuer halten musste, jede Seite ein halbes Ave Maria lang, wie in einem Kochbuch von 1581 steht. Heute ist eine Maschine Marke Eigenbau am Werk. Der Grundteig aus Mehl, Eigelbpulver, Milch und Fettstoff wird entweder gesüsst und mit Mandeln, Zimt angereichert oder gesalzen und mit Kümmel, Pfeffer oder geriebenem Hartkäse gewürzt. Salzige Offleten reicht man zum Aperitif, süsse zu Tee und Kaffee.

Im Zürcher «Altstadt-Kurier» *(Weltblatt für den Kreis 1;* Oktober 2012) schreibt Rosmarie Michel (*1931), ehemals Besitzerin der Confiserie Schurter: «An der Kirchgasse lebte im 13. Jahrhundert die erste Offletenbäckerin. (...) Der letzte Offletenbäcker arbeitete auch an der Kirchgasse, und wir alle pilgerten jeweils in seine einfache Backstube, um die süsse Köstlichkeit zu holen. 1975 starb Wilhelm Deppeler, und die alten Zürcher bangten um das traditionelle Gebäck. Die Erbin von W. Deppeler wollte das Geschäft innerhalb zwei Wochen liquidieren, da war grösste Eile geboten. Einige meiner Freundinnen baten mich, das Rezept und die Einrichtung zu erwerben. Obwohl unsere Konditoren vom Kauf abrieten, entschloss ich mich zur Übernahme. Seit 1975 werden die Offleten in der Confiserie Schurter hergestellt. Die ersten paar hundert habe ich selber gebacken, aber nach dem Verkaufserfolg und der Konstruktion einer Spezialmaschine setzten sich die Konditoren voll für dieses Produkt ein. – Am 1. Juli 2006 habe ich die Confiserie verkauft.

— *Siehe auch: Bricelets (Band 5).*

Tabakrollen

Frittiertes, zylinderförmiges, hohles Gebäck aus Haselnussteig.

Ein merkwürdiger Name. Immerhin kann man annehmen, dass vor Kolumbus' Entdeckungsreisen in die Neue Welt das Gebäck noch nicht bekannt war – zumindest nicht unter diesem Namen. Um eine Tabakrolle zu formen, rollt man den Teig um ein Stück Holz und umwickelt ihn spiralförmig mit einer Schnur. Das *Idiotikon* erklärt im sechsten Band die Herkunft des Namens mit den spiralförmigen Einkerbungen durch die Schnur, die «einige Ähnlichkeiten mit den Rollen erzeugen, in denen der Rauchtabak früher zum Verkauf kam».

Alber Spycher ist bei den Recherchen für sein Buch *Leckerli aus Basel* beim Durchforsten von (Zunft-)Stubenverwalter-Rechnungen bei Einträgen aus der Zeit von 1747 bis 1760 auf Tabakrollen gestossen. Rezepte für dieses Gebäck findet man in diversen Kochbüchern des 19. Jahrhunderts, und im 21. Jahrhundert erhält man auf dem Internet Rezepte aus privaten Küchen – auch aus Deutschland, dort gelten Tabakrollen als Spezialität aus Franken. In der Schweiz sind sie vor allem im Kanton Zürich und speziell im unteren Klettgau (Schaffhausen) heimisch, man findet sie ebenfalls in andern Regionen, vor allem im Zusammenhang mit der Fasnacht.

Der Teig besteht aus Mehl und Butter, die zuerst verrieben werden, dann kommen Puderzucker und geriebene Haselnüsse dazu; Salz und Zimt werden mit Ei vermischt und in den Teig eingerührt; manchmal wird auch Weisswein beigegeben. Nach dem Auswallen wird der Teig in Quadrate geschnitten und um die runden Hölzchen gewickelt. Die Hölzchen sind gefettet, damit man die frittierten Rollen auch wieder abziehen kann. Eine Schnur braucht es nicht mehr, die traditionelle Einkerbung erhält der Bäcker, indem er das umwickelte Hölzchen über ein Gitter rollt. Nach dem Frittieren bei 160 bis 180 Grad zieht er die heissen Tabakrollen ab und dreht sie durch Zimtzucker. Gefüllt werden die Rollen mit Himbeerkonfitüre oder geschlagenem Rahm.

Die Herstellung ist relativ aufwändig, deshalb sind die Tabakrollen kein Jahresgebäck. Im Schaffhausischen findet man sie im

Herbst an Winzerfesten, in Zürich zur Fasnacht und zum Sechseläuten – weil zu dieser Zeit diverse Fettgebäcke gefragt sind und die Fritteuse ohnehin angeworfen werden muss.
— *Siehe auch: Striflates (Band 2), Fasnachtskiechli (Band 2), Graswürmleni (Band 2), Rosenküchlein (Band 2), Schenkeli (Band 2), Raviö di carnevaa (Band 4), Strüzel (Band 4), Beignets à l'entonnoir (Band 5), Beignets des brandons de Moudon (Band 5).*

Tirggel

Hartes und dünnes Honiggebäck mit einem Bild auf der Oberseite *(Abbildung Seite 166).*

Fragt man nach wirklichen Zürcher Spezialitäten, dürfte nach *Züri Gschnätzlets* bald einmal das Wort «Tirggel» fallen. Dieses dünne, harte Honiggebäck erinnert an die Zeiten vor der Entdeckung von Hefe und Backpulver, aber so richtig zum Essen ist es wohl auch nicht gedacht, sondern eher zum Picken in kleinen Dosen, die man auf der Zunge zergehen lässt – nachdem man den Tirggel betrachtet hat. Die Besonderheit der Tirggel gipfelt in der Fülle der Motive, die sie darstellen. Ursprünglich vor allem Familien- und Zunftwappen, später dann Sujets, die zu reden gaben: repräsentative Gebäude wie Hauptbahnhof, Universität, ETH, Kaserne; das erste Dampfschiff auf dem Zürichsee, der erste Zug in der Schweiz, die Spanischbrötlibahn. Eine Tirggelsammlung liess sich zum kulinarischen Fotoalbum ausbauen, zur essbaren Zeitgeschichte. Im Landesmuseum in Zürich sind allerhand Tirggel-Model zu sehen.

Als *Tirggel, Türggeli, Dirggel* wurden einst Kleingebäcke bezeichnet, wie im 13. Band (1973) des *Idiotikons* zu lesen ist. Die Tirggel-Bäckerei Honegger in Wald dreht das Rad der Tirggelgeschichte sehr weit zurück nach Mesopotamien, wo bei Ausgrabungen 4500 Jahre alte Backmodelle gefunden worden sind. In dieser Bäckerei (und auch in anderen) lebt das Handwerk weiter, durchaus mit Erfolg, sonst würde die Bäckerei die Tirggel nicht auch noch im Sommer anbieten. Traditionell sind die Tirggel ein Festtagsgebäck, das vor allem in der kalten Jahreszeit, von St. Nikolaus bis Sechseläuten, konsumiert wird. Der Tirggel tritt erstmals im 15. Jahrhundert im Stand Zürich auf, damals wohl eher Heil- als Genussmittel: 1451 wurde im Zürcher Unterland eine Hexe lebendigen Leibes eingemauert, weil sie einem kranken *«Knaben Dirggely brochen»* habe. Die Zutaten waren kostspielig, der Tirggel blieb lange Zeit den Wohlbestallten vorbehalten.

Entscheidend für einen guten Tirggelteig sei das präzise Verhältnis zwischen Zucker und Honig, erklärt ein ehemaliger Tirggelbäcker aus dem Zürcher Oberland. Dazu braucht man eine Senkwaage. Die Zucker-Honig-Lösung wird mit Rosenwasser zu einem Sirup verdünnt. Nachdem der Sirup über Nacht abgekühlt ist, gibt man Mehl und Gewürze wie Ingwer, Anis und Koriander dazu und knetet einen zähen, festen Teig. Die Gewürzaromen dürfen den Honiggeschmack nicht übertrumpfen. Der Teig wird maschinell auf 2,5 Zentimeter Dicke gewalzt, auf einem Holzstab aufgerollt und über dem Model abgewickelt. Eine Walze presst den Teig auf den Model, mit Fingerkuppen und Handballen hilft der Bäcker nach, so dass nach dem Backen ein möglichst sauberes Bild zu sehen ist.

Die losgelösten Tirggel werden auf Bleche gelegt. Der Bäcker schiebt immer zwei in den Ofen, das untere zum Anwärmen, das obere direkt unter 350 Grad heisse Stäbe, die den Tirggel innerhalb von 90 bis 100 Sekunden bräunen. Die Unterseite muss hell bleiben.

Tirggel gibt es in verschiedenen Grössen und Formaten, eckig oder rund, als Herz, Stern oder Weihnachtsschmuck – sie sind zwar nicht unverwüstlich, aber doch lange haltbar.

Vermicelles

Törtchen mit nestartig dressiertem Marronipüree *(Abbildung Seite 166).*

Wer zum ersten Mal Vermicelles mit Schlagrahm versucht, wird nie auf die Idee kommen, dass Kastanien einst das «Brot der Armen» waren. Im Tessin und in den Bündner Südtälern wachsen Edelkastanien *(Castanea sativa),* auch nördlich des Alpenwalls trifft man sie an, aber bedeutend in der Ernährung waren sie auf der Südseite. Wenn gar nichts mehr gelingen wollte, gab es zumindest die Selven, die Kastanienhaine, deren Früchte man im schlimmsten Fall über dem Feuer braten konnte. Heute mögen solche Gerichte Höhepunkte der Erlebnisgastronomie sein, auch gehört der Marronibrater zur winterlichen Ambiance in den Städten – *«eissi Marroni, Marroni ganz eiss»* –, aber wer nichts anderes zu beissen hatte als die Kastanien, zu deren mastigem Kern man sich erst noch durcharbeiten musste, dem spielte das Leben übel mit. Eine 95-jährige Frau «aus Claro, einem kleinen Nest bei Bellinzona, weint der Zeit keine Träne nach, als bis zu dreimal täglich Kastaniengerichte auf dem Speiseplan der Familie standen: Brot aus reinem Kastanienmehl, Kastanien gebacken, geröstet, gekocht», steht in *Culinarium – Essen und Trinken in der Schweiz* (2003). «Bis in die Fünfzigerjahre zog die Familie mit Kind, Kegel und Vieh jeden Frühling hoch auf das Maiensäss Moncrino.» Auf die Frage des Autors Urs Fitze, warum sie mit den Kastanien aufgehört habe, sagte die betagte Frau: «Wir hatten halt Geld, um Brot zu kaufen.»

Eine der ältesten Confiserien in Lugano produziert Vermicelles, so die mündliche Überlieferung, seit mindestens Ende des Zweiten Weltkriegs. Der Begriff wurzelt im italienischen *vermicelli,* wörtlich Würmchen; gemeint sind aber dünne Spaghetti(ni). Wie Würmchen winden sich denn auch die Fäden aus Marronipüree, wenn sie aus der Vermicelle-Presse gedrückt und als Nestchen oder Häufchen arrangiert werden. Aus dem Süden nach Frankreich «hochgekrochen» sind diese Würmchen im 17. Jahrhundert, allerdings als Pasta. Die Kastanienpaste gab es bereits früher. Das *Inventaire du patrimoine culinaire de la France,* Band Rhône-Alpes (1995), nennt ein Rezept aus einem Kochbuch, das 1542 in Lyon erschienen ist. Nach einem Rezept im *Livre fort excellent de cuysine* kocht man Kastanien in einem Sirup aus Weiss- oder Rotwein, Kräutern und Zucker zu einem Püree ein.

In seinem Buch *Soupes et citrons* (2002) sich François de Capitani auf die *Encyclopédie oeconomique* (1770–1771) und erwähnt *Marrons en compote* oder *Marrons glacés,* gebratene und geschälte Kastanien, angerichtet in Aprikosensirup mit Wein oder mit karamellisiertem Zucker. Der Walliser Joseph Favre führt in seinem *Dictionnaire universel de cuisine pratique* (Paris 1894) *Vermicelles de marrons à la crème* auf, das der heutigen Vermicelles-Paste ziemlich entspricht. Diese Paste wird für Vacherin mit Kastanien im *Kochbuch der Privat-Kochschule*

Widmer Zürich (1924) rezeptiert; 1930 übernahm die legendäre Elisabeth Fülscher (1895–1970) Schule und Kochbuch, das Ende 2002 in 13 Auflagen 178 000 Mal verkauft wurde. Ein Kastanienpüree mit Schlagrahm – *Marrons à la Chantilly* findet man in *Buchhofer's Schweizer Kochlehrbuch* von Alexander Buchhofer (1847–1926), Küchenchef, «unter Mitwirkung von Frau Emma Suter-Buchhofer», das 1900 in Frankfurt und 1901 in Paris mit Goldmedaillen ausgezeichnet wurde.

Desserts mit Marronipüree sind im Herbst und im Winter beliebt, speziell auch zur Wildsaison. Um ein Vermicelles-Törtchen zu fabrizieren, eine Coupe Nesselrode oder ähnliche Desserts mit Kastanienpaste, müsste man zuerst das Püree herstellen. Das machen nicht einmal mehr die Konditoren, denn das Verfahren ist recht aufwändig, die Kastanien müssen von diversen Verpackungen befreit werden. Einmal gekocht, streicht man die Kastanien durch ein Sieb, verrührt die Paste mit etwas Milch, Zucker und Vanille. Bei der späteren Weiterverwendung kann man die Paste mit Rahm und Kirsch verfeinern. Für ein Törtchen nimmt man eine gebackene Teigschale, man kann aber auch zerkleinerte Meringues in ein kleines Schüsselchen oder ein Glas geben, das veredelte Püree durch die Vermicelles-Presse drücken und das Dessert mit Schlagrahm garnieren. Die leuchtend rote Cocktailkirsche ist optional (und eher suboptimal).

Marronipüree ist in der ganzen Schweiz erhältlich. «Sehr praktisch ist die Verwendung von tiefgekühltem Kastanienpurée», postulierte Fräulein Fülscher (diese Anrede war der Unverheirateten sakrosankt) schon zu den Anfangszeiten des elektrischen Kühlschranks und seiner Möglichkeiten.

Weggli

Kleingebäck aus Weissmehl, Oberseite mit Falte *(Abbildung Seite 156).*

Das Weggli kennen alle. Tatsächlich? Doch nur, wenn man es sieht – und höchstens selektiv, wenn man einen der Namen hört, die das 50 bis 60 Gramm leichte Kleingebäck trägt. Der Basler nennt es *Schwöbli,* entstanden aus der Verballhornung von zugewanderten Bäckern aus dem Schwabenland; in andern Regionen heisst es *Mutschli* (was wiederum andernorts ein knuspriges, kugeliges Brötchen bedeutet) oder Milchbrötchen, im Welschen *pain au lait* oder *petit pain au lait,* im Tessin *michetta al latte* oder *panino al latte.*

Dieses Alltagsgebäck aus feinem Weissmehl-Hefeteig, das sich so schön horizontal aufschneiden und zu einem handlichen Sandwich ausbauen lässt, ist ein ausgezeichnetes Beispiel für Produkte, die sehr charakteristisch sind (dank der runden Form und der Falte auf der Oberseite, die das Weggli in zwei Hälften teilt, die man einfach auseinanderbrechen kann), im ganzen Land verbreitet und dennoch regional verwurzelt, was die unterschiedlichen Bezeichnungen illustrieren. Eine Besonderheit gibt es in Zürich: Aus dem Wegglitteig werden auch Zürcher Murren gebacken, die wenig grösser sind, eher länglich-oval geformt und eine gezackte Oberfläche aufweisen (Zackenweggen, Spitzenweggen, Berner Weggen).

Kleingebäcke wie Weggli waren einst klassische Stadtgebäcke. Auf dem Land lebten fast nur Bauern, und die buken grosse Brotlaibe aus normalem Mehl. Feinstes Weissmehl aber war der städtischen Oberschicht vorbehalten – und den Weissbäckern: Normalen Bäckern war es nicht gestattet, mit diesem teuren Material zu hantieren. Der Zürcher Kupferstecher David Herrliberger (1697–1777) stellte in der Serie *Baslerische Ausruff-Bilder* das Porträt einer jungen Frau dar, die mit einem Korb voller Brötchen ausruft «*Anka-Weggle hayss*». Unter dem Bild steht der Spruch «*Laßt euch auf euré schwaché magé, Ein Pflaster von zwey wegglein schlagen*». Ein frühes «*Wecklein-Rezept*», das mit dem heutigen vergleichbar ist, taucht im Kochbuch der Anna Maria Küeffer auf (1792).

Der besuchte Bäcker in Zürich produziert am Tag gut 2500 Weggli mit einem Teig aus Weissmehl, Butter, Milchpulver, Wasser, Hefe, Malz, Salz, einer Prise Zucker sowie Levit, einem Brotbackmittel auf der Basis eines getrockneten Hefevorteigs, das für mehr Geschmack und eine längere Frischhaltung sorgt. Der fertige Teig soll elastisch sein und eine halbe Stunde lang ruhen. Dann kommt er auf die Produktionsstrasse einer Wegglimaschine (Kleinbrotanlage) aus den 1950er-Jahren. Im ersten Schritt werden die Teiglinge in Bälle portioniert, im zweiten Schritt liegen sie unten flach und oben gewölbt auf dem Förderband, das so langsam läuft, dass die

Teiglinge nochmals 30 Minuten Stückgare durchlaufen, bevor ihnen in Schritt drei ein circa ein Zentimeter breites Kunststoffrädchen über den Rücken fährt und die typische Falte eindrückt. Vor dem Backen werden die Weggli mit Ei bestrichen, dann kommen sie für 20 Minuten bei 210 Grad in den Ofen.

Weggli sind ein typisches Frühstücks- und Pausengebäck. Bäckerausläufer haben frische Weggli noch bis spät im 20. Jahrhundert ausgetragen und auch auf Schulhöfen verkauft. Diese Weggli-buben übten ihren Job schon früher aus, allerdings war ihr Ruf lädiert, sie galten wegen groben Unfugs, Gotteslästerung und übler Anmache als öffentliches Ärgernis. Albert Spycher rekapituliert aus Basel: «1573 erliess der Rat deswegen eine ‹Brothüter- und Beckenbuben-Ordnung›, die dem Unwesen dieser Randgruppe Einhalt gebieten sollte. Mehrfach wurden sexuelle Belästigungen von Frauen protokolliert – ‹*inen in Buosen gryffen und die Bruest hervorziechen*› (1548), ‹*an Mann, Wyber, Tochtern, Megt, jung und alt es sye mit greifen, kleider uffheben*› (1573) oder ‹*den junckfrauen, so etwan brot holen, hinden und vornen griffen und sich nicht schemmen*› (1578)» (aus: *Back es im Öfelin oder in der Tortenpfann,* 2008).

Der beste Beweis der Popularität eines Produkts sind Sprichwörter. Etwas «geht weg wie warme Weggli», wenn es besonders gefragt ist. Man kann «nicht den Fünfer und das Weggli» haben, sondern muss sich für das eine oder andere entscheiden, und wer trotzdem «den Fünfer und das Weggli» haben will, ist auffallend gierig.
— *Siehe auch: Zürcher Murre, Seite 186; Bröötis (Band 3).*

Wiiguetzli

Kleingebäck mit Rotwein und rötlicher Gewürzmischung.

Das Wiiguetzli wird entlang des Rheins im Zürcher Weinland, im Schaffhausischen und im Thurgau hergestellt – eben dort, wo Weinbau betrieben wird. Vermutlich ist das Guetzli in der regionalen Bauernküche entstanden. Heute noch backen es vor allem Landfrauen im Herbst für den Hausgebrauch oder den Verkauf auf loka-

len Märkten, an Basaren oder Trottenfesten. Es gibt kein allgemeingültiges Rezept, weil jede Familie ihre Präferenzen pflegt. Interessant ist die Kombination von Mehl, Eiern und Zucker, Rotwein und einer Gewürzmischung, die an Lebkuchen- und Weihnachtsgewürze wie Nelken, Zimt und Sandelholz erinnert. Verwendet wird auch Träsetpulver *(Magenträs, Seite 108)*. Den Teig rollt man auf knapp einen Zentimeter Dicke aus und sticht die Guetzli mit Formen aus oder schneidet den Teig mit dem Messer in Vierecke oder Streifen. Auf dem Blech lässt man sie 24 Stunden lang trocknen und backt sie dann.
— *Wiiguetzli (auch Band 3).*

Zürcher Brot

Länglich geformtes Brot aus Halbweiss- oder Ruchmehl *(Abbildung Seite 156)*.

Kantonsbrote sind keine besonders lange Tradition, sondern eine Marketing-Initiative der Schweizer Bäcker (1950). Im Fachbuch *Der Schweizer Bäcker-Konditor* (1944) wird im Kapitel «Die gebräuchlichsten Kantonsbrote der Schweiz» erstmals das «Zürcherbrot» genannt. Es handelt sich um ein langes Brot aus Ruch- oder Halbweissmehl mit schräg gesetzten Schnitten auf der Oberseite. Eine Erklärung, warum ausgerechnet das Lang- oder Steckenbrot zum Zürcherbrot erkoren wurde, ist nicht zu finden. Vielleicht wollte man es einer Stadt zugesellen, wo es besonders häufig konsumiert wird, und da Zürich schon damals die Stadt mit den meisten Einwohnern der Schweiz war, wurde aus dem Langbrot eben das Zürcherbrot.

Richtig durchgesetzt als Kantonsinsignien haben sich indessen nur Brote, die schon vorher mit der entsprechenden Region verknüpft waren: Baslerbrot, Tessinerbrot, St. Galler Brot, Walliser Roggenbrot, Bernerbrot – ein Jurabrot muss man suchen, andere Varianten nimmt man vielleicht zur Kenntnis, weiss aber nicht, wo sie zu verorten sind. Tapfer postuliert die *Schweizerische Brotinformation* in einem *Lehrer/innen-Handbuch* zur Brotvielfalt (1999): «Am Beispiel der verschiedenen Brotsorten und Kantonsbrote können die Schüler/innen die Vielfalt der Schweiz erkennen. (...) Ein wichtiger Aspekt ist die weite Verbreitung der Kantonsbrote, was Rückschlüsse auf den Mobilitätsgrad der schweizerischen Bevölkerung erlaubt.» Ob Glarner- oder Solothurnerbrot tatsächlich eine «weite Verbreitung» erleben, darf angezweifelt werden – landesweit wirklich omnipräsent ist das *bun,* eine Art schwammiges Brötchenimitat, das dem *patty* als doppelseitige Verpackung dient und, zusammengebaut, als Hamburger bezeichnet wird.

Das Zürcher Brot ist das meistverkaufte Brot der Schweiz, weil seine Form perfekt der Gastronomie dient. Von einem Langbrot kann man gleichmässige Scheiben schneiden, von einem Rundbrot nicht. Trotzdem kennt man die runde Form viel länger als die lange. Im *Atlas der Schweizerischen Volkskunde* (1950, mit Bezug auf eine Umfrage von 1930) heisst es: «Die Schweiz gehört, was die Hausbäckerei und auch die ältere Berufsbäckerei betrifft, durchaus dem Gebiet der runden Brotformen an.» Das «Neuaufkommen der Langbrote (...) als Bäckerbrot» wird auf einen französisch-westeuropäischen Einfluss zurückgeführt, ebenso die Vorliebe für das weisse Weizenbrot, die sich damals abzuzeichnen begann und nach wie vor ungebrochen gilt (auch wenn richtige *Baguettes* in der Schweiz höchstselten aufzutreiben sind). Im Atlas wird das Langbrot freilich nicht als Zürcher Brot bezeichnet, sondern mit Namen wie *Zapfe* oder *Wegge* in der Ostschweiz, *Bengel* im Luzernischen oder *Steckenbrot* im Solothurnisch-Bernischen. Allgemein wurde wohl *Stangebrot* verwendet.

Der Bäcker stellt einen Teig aus Ruch- oder Halbweissmehl mit Wasser, Salz und Hefe her, den er mit einem Hebel vermischt; den Hebel, ein Vorteig, produziert man am Abend vorher. Dieser bereits gereifte Hebel unterstützt die Aromenbildung, Frische und Haltbarkeit des Brotes. Nach dem Kneten lässt man den Teig eine halbe Stunde lang ruhen, portioniert ihn dann in abgewogene Stücke, formt diese länglich-oval, lässt die Teiglinge nochmals eine halbe Stunde ruhen und schneidet mit dem Rüstmesser schräge Schnitte in die Oberfläche. Ohne diese Schnitte würde das Brot beim Backen aufreissen.

Gebacken wird es anfänglich bei 240 Grad, später bei 190 Grad, damit es aussen nicht verbrennt und innen durchgebacken wird. Nach dem Backen kann man mit ein paar Spritzern Wasser einen sanften Glanz auf die Oberfläche zaubern. Die Backzeit dauert 40 bis 45 Minuten für das *Halbpfünderli,* 50 Minuten für das *Pfünderli* und eine Stunde für das Kilobrot. Für die Gastronomie wird ein Wirtschaftsbrot gebacken: Wie das Zürcher Brot, aber dünner und mit stumpfen Ende, so dass man ein paar Stücke mehr abschneiden kann. — *Siehe auch: Bauernbrot, Seite 60; Basler Brot (Band 2), Bürli (Band 3), St. Galler Brot (Band 3), Türggebrot (Band 3), Urner Brot (Band 4), Fiascia (Band 4), Monta su e Sciampa (Band 4), Münstertaler Brot (Band 4), Pane ticinese (Band 4), Flange (Band 5), Pain neuchâtelois (Band 5), Pain vaudois (Band 5), Roggenbrot (Band 5), Sensler Rua-Brot (Band 5).*

Zürcher Leckerli

Kleine flache Süssigkeiten aus Mandelteig.

Leckerli heissen so, weil es etwas zu lecken gibt: den Zuckerguss. Das Wort kommt vom Althochdeutschen *leckon* für ablecken. Laut *Idiotikon* ist ein Leckerli «eine Art kleines, lebkuchenähnliches Gebäck von länglich viereckiger Form». Das Zürcher Leckerli ist allerdings kein lebkuchenähnliches Gebäck, also auch keine Imitation des Basler Läckerlis, sondern eine Art feine Verwandtschaft. Während Mehl und Honig die Grundzutaten für das Basler Läckerli bilden, braucht es für die Zürcher Variante eine Masse aus Mandeln, Puderzucker und Eiweiss. Die verrührte Masse röstet man bei schwachem Feuer etwas an, damit das Fett aus den Mandeln tritt, die Masse bindet und geschmeidig macht. Der Teig ist Marzipan sehr ähnlich. Aus dem unveränderten Teig macht man die «Neutralen», für andere Leckerli wird der Teig mit Orange oder Kakao, Zimt oder Haselnuss, Walnuss, Sandelholz und anderen Spezereien aromatisiert und gefärbt. Den Teig drückt man in einen Holzmodel. Die ausgelösten Stücke (ca. 2×3×1 Zentimeter) lässt man 24 Stunden antrocknen. Gebacken werden sie bei Oberhitze drei bis fünf Minuten lang im 260 bis 280 Grad heissen Ofen. Gleich nach dem Backen glaciert der Konditor die Leckerli, «denn nur so gibt es den schönen Glanz und wird das Austrocken verhindert».

Zwieback *(Seite 187)*, Pommes Chips *(Seite 162)*, Maggiwürze *(Seite 151)*, Geräucherter Felchen *(Seite 160)*

Das Zürcher Leckerli kennt man in der Stadt seit Jahrhunderten. Das Schweizerische Landesmuseum besitzt einen Leckerlimodel des Zuckerbäckers Jakob Reutlinger aus dem Jahr 1745. Schon damals und auch früher wurden Leckerli vor allem zur Festtagszeit Kindern verschenkt. Das erste Rezept der heutigen Form stammt von 1912. Dieses Leckerli ist vor allem eine Spezialität der Stadt; wohl deshalb, weil die Zutaten edel sind und man einst auf betuchte Kundschaft angewiesen war. In Zürcher Bäckereien und Confiserien.
— *Siehe auch: Basler Läckerli (Band 2), Leckerli (Band 3).*

Zürcher Murre

Längliches Kleingebäck aus Weissmehlteig mit Zacken.

Aus dem Weggliteig werden auch Zürcher Murren gebacken, die grösser sind, eher länglich-oval geformt und eine gezackte Oberfläche aufweisen (Zackenweggen, Spitzenweggen, Berner Weggen). Der besuchte Bäcker in Zürich produziert am Tag gut 2500 Weggli und 100 Murren mit einem Teig aus Weissmehl, Butter, Milchpulver, Wasser, Hefe, Malz, Salz, einer Prise Zucker sowie Levit, einem Brotbackmittel auf der Basis eines getrockneten Hefevorteigs, das für mehr Geschmack und eine längere Frischhaltung sorgt.

Der fertige Teig muss elastisch sein und eine halbe Stunde lang ruhen (Stockgare). Dabei erholt er sich von der Knetstrapaze und beginnt durch die Wirkung der Hefe Aromen zu entwickeln. Der Bäcker gibt die Masse in die Aufschleifmaschine, die den Teig portioniert. Im Langwirker werden die Teiglinge in die gewünschte Form gebracht. Im Gärschrank ruhen sie bei 30 Grad und etwa 70 Prozent Luftfeuchtigkeit nochmals 30 Minuten, dann wird ihnen mit einer Art Metallkamm mit fünf Klingen das Muster auf der Oberseite eingestanzt. Sie werden mit Ei bestrichen und bei 210 Grad 20 Minuten lang gebacken. Nach dem Backen steht das Zackenmuster wie ein gestellter Hahnenkamm aus dem Brötchenrücken.

Die Herkunft des Namens ist nicht endgültig geklärt. Im *Idiotikon* (vierter Band, 1901) findet man den mittelhochdeutschen

Begriff *murr,* stumpf; im Portugiesischen bedeutet *morro* «runder Körper»; im Niederländischen versteht man unter *murw* mürbes Brot. Im gleichen Band des *Idiotikons* wird ein Murren in einer Quelle aus dem Zürcher Staatsarchiv von 1508 zitiert – das Gebäck dürfte also im 16. Jahrhundert in Zürich verbreitet gewesen sein, allerdings fehlt eine Beschreibung von Grösse und Aussehen. Aus dem 19. Jahrhundert bietet das *Idiotikon* eine detaillierte Beschreibung, fast identisch mit dem heutigen Murren.

Im *Idiotikon* kennt man den Murren von der Ostschweiz bis Aarau, aber nicht darüber hinaus. Auch im *Atlas der Schweizerischen Volkskunde,* der sich auf Umfragen aus den 1930er-Jahren beruft, bleibt der Murren in der östlichen Schweiz verortet. Offenbar war das Kleinbrot in der ersten Hälfte des 20. Jahrhunderts weiter westlich nicht bekannt – erstaunlich, dass der Murren überhaupt zum Namen Berner Weggli gekommen ist und in der Westschweiz *pain bernois* heisst. Die erste schriftliche Nennung eines Berner Wegglis als Synonym für Murre stammt aus dem *Richemont-Fachblatt* (1954), der Berufszeitung des Schweizerischen Bäckerei- und Konditorenmeister-Verbands. Murren sind wie Weggli ein typisches Frühstücks- und Pausengebäck.
— *Siehe auch: Weggli, Seite 178; Bröötis (Band 3).*

Zwieback

Zweifach gebackenes, trockenes, leicht süssliches Brot in Scheiben *(Abbildung Seite 184).*

Krankengebäck? Notration? Konservierungsmethode? Abmagerungsbegleiter? Irgendwie mag die Seele nicht warm werden beim Gedanken an Zwieback, auch wenn ein Stück kaum mehr als 30 Kalorien in sich trägt. Aus dem Fundus der Erinnerungen steigen Tage des Unwohlseins auf, bestritten mit Schwarztee und Zwieback, weil der Appetit verschwunden ist, oder Grüntee und Zwieback, weil Geruch und Geschmack von richtigem Essen unerträglich sind. Das geht vorüber, aber damit ist dem Zwieback wohl kaum Recht getan. Mütter verabreichen ihn gerne ihren sabbernden Kleinkindern, um sie eine Zeitlang zu beschäftigen; die raue Struktur des Gebäcks massiert das Zahnfleisch, die trockene Konsistenz fängt den Speichel auf. Die Saugfähigkeit des Zwiebacks bewährt sich auch beim Kochen, zum Beispiel in Aufläufen mit richtig saftigen Früchten wie Pfirsichen oder als rustikaler Ersatz für die Löffelbiscuits in der Götterspeise.

Zwieback bedeutet «zweimal gebacken»; auf Italienisch *fetta biscottata* und auf Französisch *biscotte,* beides stammt aus dem Latein, schliesslich war das geröstete, ein Jahr lang lagerfähige Brot als *bis coctus panis* schon in der Antike bekannt. In der Schweiz hat sich das Wort «Zwieback» auch in den andern Sprachregionen durchgesetzt.

Die älteste Erwähnung im *Idiotikon* datiert aus dem Jahr 1519: *«Zu der morgensuppen ein schüfely mit malvasier mit einem brot, das wiss sye, oder wiss byscotten.»* Im Zusammenhang mit verschiedenen Kleingebäcken stösst Albert Hauser in einem Text von 1582 auf *Zweybacken* (*Vom Essen und Trinken im alten Zürich,* 1973). Mit dem Beginn des Ersten Weltkriegs 1914 wurde Zwieback fabrikmässig hergestellt, in erster Linie als Soldatennahrung, leicht im Gewicht und lange haltbar. Heute gibt es nur noch industriell gefertigten Zwieback, allerdings in Variationen: klassisch, ohne Kristallzucker, Urdinkel, (Bio-)Vollkorn.

Die Basis ist Einback, ein süsslicher Hefeteig aus Weizenmehl, gebacken als länglicher, weicher, eingekerbter Kuchen. Dieses Gebäck kann man natürlich auch verwenden, klassisch sind Erdbeer- oder Rhabarberschnitten mit Einback. Wenn man selber Zwieback herstellen will, dann schneidet man Einback in Scheiben und röstet sie im Backofen.

Süss- und Confiseriewaren

Türkenhonig

Klassische Jahrmarktsleckerei aus Zucker, Eiweiss und Nüssen.

Zwischen Magenbrot und gebrannten Mandeln steht meistens dieser weiss-rosa Brocken, der Türkenhonig, fest verankert in den ersten Erinnerungen an Kilbis und Jahrmärkte. Türkenhonig ist verwandt mit Nougat, aber nicht identisch. Die Ursprünge liegen in der Türkei, dem Land der unzähligen Süssigkeiten, wo im 17. Jahrhundert mit Massen aus Honig und Maisstärke, Früchtesirup, Trockenfrüchten und Nüssen experimentiert wurde. Wie der Türkenhonig in die Schweiz gekommen ist, weiss man offenbar nicht. Der «türkische Honig» wird 1961 im nationalen Bäckerei- und Konditorei-Fachblatt angepriesen: «Auf allen Jahrmärkten ist er anzutreffen! Als grosser, rechteckiger, oft mehrfarbiger Block.» In Konditoreien hat sich der Türkenhonig nicht durchgesetzt, er ist ein Jahrmarktsprodukt geblieben und dürfte am meisten an den drei grossen Messen abgesetzt werden, am Zürcher Knabenschiessen, an der Basler Herbstmesse und an der Olma in St. Gallen.

Vielleicht ist ja alles nur Illusion? Der Basler Autor *-minu* hat sich in Istanbul bei einem Freund aus Kindertagen persönlich um Türkenhonig bemüht:

«Ich will unbedingt und sofort Türkenhonig essen!», gebe ich Murat den Tagesbefehl durch. Der: «Welchen Honig? Wir machen da etwa 2000 Sorten, du Schlaumeier.»

«Türkenhonig!», erkläre ich. Schliesslich hat Murat in Basel gelebt. Ist am Rhein aufgewachsen. (...) Ich hole ihn in seine Vergangenheit zurück: «Du weisst doch noch, wie wir an der Herbstmesse als Kinder immer an diesem Stand herumlungerten ... Der mit dem weissen, regenbogenfarbigen harten Brocken – Türkenhonig!»

Murat schaut mich genervt an: «Ihr habt alles uns Türken angehängt. Unser Honig ist geschmeidig wie die Haut einer jungen Bauchtänzerin ... und niemals hart!» («Basler Zeitung», 2012).

Eine fahrende Confiserie stellt Türkenhonig in der Schweiz her, rund 800 Kilo jährlich, die sie am eigenen Stand oder anderen Marktfahrern verkauft. Man erhitzt Zucker mit Wasser und Glukosesirup in einem Kessel auf 140 Grad (nicht mehr, sonst karamellisiert der Zucker), lässt die Masse etwas abkühlen, mischt dann unter ständigem Rühren Eischnee darunter. Die Masse bleibt dickflüssig, warm und weiss; man kann jetzt Lebensmittelfarbe dazugeben und zwei, drei Stunden später, wenn die Masse stark abgekühlt ist, gehackte Haselnüsse. Der Honig wird in Plastikkisten gepackt und in die Kühle gestellt. Ein Block wiegt 30 Kilo.

Am Stand schabt und bricht das Verkaufspersonal kleinere Portionen ab und reicht sie in einem geeigneten Papier dem Kunden.

Birchermüesli

Getreideflocken, rohe Früchte, Milch und Nüsse *(Abbildung Seite 166).*

Kein normal begabter Mensch zweifelt mehr an den Qualitäten des Birchermüeslis – man mag den *Pfluder* kulinarisch verabscheuen, aber die positive Wirkung auf den Körper zu verneinen wäre unklug. Wissenschaft und Technologie sind seit dem Geniestreich des Dr. Bircher-Benner derart vorangeschritten, dass man heute über jedes Detail einer gesunden wie ungesunden Ernährung Bescheid weiss. Als der Arzt Maximilian Oskar Bircher-Benner (1867–1939) sein Müesli rezeptierte und insbesondere ganzheitliche Medizin predigte, seine Patienten nach diesen Überzeugungen behandelte und sich dabei Hohn und Spott bei der Ärzteschaft einhandelte, konnte er die Vorzüge von ungekochtem Getreide, Obst und Gemüse nicht beweisen, wie das heute der Fall ist. Zu seiner Zeit hatte sich der Mensch mit Fleisch und Käse, Eiweiss und Fett zu kräftigen – rohes Obst, ungekochtes Gemüse und unverarbeitetes Getreide wurden verachtet oder ignoriert. Allein war Bircher-Benner trotzdem nicht: Zur gleichen Zeit begann in der Stadt Zürich Ambrosius Hiltl (1877–1969) zu wirken; der gelernte Schneider aus Bayern eröffnete 1898 das «Vegetarierheim und Abstinenz-Café», heute in 4. Generation als «Hiltl» eine Instituion.

In Bircher-Benners Sanatorium «Lebendige Kraft», gegründet 1904, stand man früh auf, absolvierte viele Spaziergänge an der frischen Luft und konnte sich Kuren mit hydrotherapeutischen Ganzkörperwickeln unterziehen. Das Essen war vegetarisch, Genussmittel wie Kaffee oder Alkohol gab es nicht. Inspiriert für seine «Apfeldiätspeise», so der originale Name, wurde Max Bircher-Benner um 1900 von einem Älpler, der ausser Äpfeln, Hafer und Nüssen nicht viel mehr zu essen hatte – aber offensichtlich ein gesunder Mensch war, sowie von einem Bergvolk in Pakistan: Die Hunza sollten keine Krankheiten kennen und über 100 Jahre alt werden, zitierte Bircher-Benner Forschungsberichte über die sagenumwobene Gemeinde im nördlichen Zipfel Kaschmirs. Noch auf dem Sterbebett habe der Doktor deshalb gesagt: «Die Hunza, sie sind der Beweis!»

BIRCHERMÜESLI

DR. MED. M. BIRCHER-BENNERS ORIGINALREZEPT

Arbeitsaufwand: 20 Minuten
Einweichen: 12 Stunden

Für 4 Personen
6 EL Haferflocken
12 EL Wasser
6 EL gezuckerte Kondensmilch
Saft von 3–4 Zitronen
6 EL geriebene Mandeln, Hasel- oder Baumnüsse
1 kg Äpfel

Die Haferflocken 12 Stunden in kaltem Wasser einweichen. — Kondensmilch und Zitronensaft beifügen. — Die Äpfel waschen, Fliege entfernen, dann auf der Bircherraffel direkt in den Haferbrei raffeln. Ab und zu umrühren, damit die Äpfel nicht braun werden. — Das Müesli mit den Nüssen bestreuen. Sofort nach der Zubereitung servieren.

Anmerkung: Dieses Birchermüesli ist natürlich im Verlaufe der Zeit vielfach abgewandelt worden. Es entstanden Luxusvariationen mit Beeren, Saisonfrüchten, Joghurt, Rahm oder Sauermilch.

In seiner Urversion verwendete Bircher-Benner Kondensmilch, denn sie war sicher bakterienfrei, Haferflocken, die man einen halben Tag im Wasser einlegen musste, ungeschälte geraffelte Äpfel, geriebene Nüsse, Zitronensaft und etwas Honig.

Heute wird Birchermüesli in allen erdenklichen Varianten angerührt, mit Erdbeeren und Kirschen, mit gescheibelten Bananen, mit Milch, Rahm oder Joghurt – man braucht sich nicht einmal mehr nach den Jahreszeiten zu richten, und exotische Kompositionen mit Mango, Passionsfrucht bis zur Durian sind kein Problem. Auch findet man selten ein Produkt (in dem Falle auch ein Gericht), das so leicht zu finden ist wie Birchermüsli. Vom Supermarkt bis ins Reformhaus, vom Bioladen bis in die Bäckerei, sogar Kioske bieten es manchmal an. Die Lebensmittelindustrie produziert Birchermüesli, die man nur noch anrühren muss. Zu einer Ikone der Küchenutensilien ist die Bircherraffel geworden.

Müesli ist eines der wenigen – vielleicht das einzige – Wort aus dem Schweizerdeutschen, das schon früh «globalisiert» worden ist. *Muesli* schreibt man in England, wo es bereits 1926 eingeführt wurde und bis in die 1960er-Jahre vor allem im *health-food fringe*, der Gesundheitsnahrung-Randzone, konsumiert wurde, so *The Oxford Companion to Food*. Seit damals, «*however, high fibre has been transformed from a fad to a multi-million pound business*», seit damals wurde Ballaststoff von einer Marotte in ein Multimillionen-Pfund-Geschäft verwandelt.

Getränke

Weisflog Bitter

Leichtes Bittergetränk nach dem Rezept von Gustav Erdmann Weisflog *(Abbildung Seite 156)*.

Das 19. Jahrhundert wird manchmal als Jahrhundert der Alkoholiker bezeichnet. Um die Wende zum 20. Jahrhundert bemass sich der Pro-Kopf-Konsum von Schnaps in der Schweiz auf 18 Liter im Jahr. In Europa wurden enorme Mengen Spirituosen getrunken –

die Soldaten wurden mit Schnaps als Treibstoff und Seelentröster abgefüllt und in die Schlachten geschickt –, das Essen war generell zu fett und zu schwer, der Wein vor allem sauer und der Kautabak-Speichel gab dem Magen den Rest. Die Menschen hatten bös übersäuerte Mägen. Dies war die hohe Zeit der Bittergetränke.

In Zürich begann 1856 ein Kaufmann aus Sachsen Medizin zu studieren. Gustav Erdmann Weisflog (1823–1888) war in die Deutsche Revolution von 1848–1849 verwickelt, floh nach Frankreich und betätigte sich als Seidenhändler, bis er offenbar etwas Neues anfangen wollte und nach Zürich zog. Er eröffnete 1860 eine eigene Praxis und spezialisierte sich auf Magenprobleme. In seinem Notizen hat man zahlreiche Skizzen und Entwürfe für Heilmittel gegen Magenbeschwerden gefunden. Am Ende rezeptierte der Arzt Weisflog einen alkalischen Bitter, der Patienten mit Magenversäuerung Linderung verschaffen sollte. Die Medizin wirkte und schlug ein, Weisflog belieferte damit bald Berufskollegen und Apotheken. 1880 gründete er die Firma Weisflog.

Nach Weisflogs Tod 1888 übernahm seine Frau mit den Kindern die Firma, sie führte das Geschäft unter dem Namen «Dr. med. G. Weisflogs Witwe, Altstetten» und zog sich 1918 zurück. Die Firma produzierte und vertrieb den erfolgreichen Bitter des Gründers und erweiterte das Angebot, brannte diverse Spirituosen, mischte Liköre, stieg in den Weinhandel ein, fabrizierte Sirupe und alkoholfreie Getränke und bot Spezialitäten an wie Aristo-Medicinal-Eiercognac, Älpler-Alpenkräuter Magenbitter, «Fox-Bitter – der rote Schweizer Aperitif», das Anisgetränk Tambour, Robinson-Swiss Gin.

Das wichtigste Produkt blieb der bewährte Weisflog Bitter. «In den Fünfzigerjahren machte ich die Lehre bei Fassbind. Wir vertrieben Weisflog Bitter, wir mussten wöchentlich bestellen. Weisflog war damals das führende Apéro-Getränk», erinnert sich Urs Müller, später Inhaber der Firma S. Fassbind in Oberarth (Schwyz). Dann kam Cynar auf und verdrängte Weisflog, in den 1970er-Jahren gab es ihn noch «ein bisschen», und dann wurde er nicht mehr produziert. Die Firma war verkauft worden, gehörte Cinzano, wanderte mit Cinzano via Übernahme ins nächste Konglomerat und gehörte dann einer Firma in der Westschweiz, bei der niemand wusste, dass man im Besitz des Bitters Weisflog war.

Im Buch *Aperitifs + Spirituosen* (1988) vom Schweizer Wirteverband steht Weisflog Bitter nicht auf dem Bild mit der Parade der Bittergetränke. Im *Historischen Lexikon der Schweiz* findet man den Sohn Heinrich Julius Weisflog, Anwalt, Zürcher Kantons- und Nationalrat – aber nicht den Vater.

2001 übernahm S. Fassbind den Bitter, liess ihn am 15. Mai 2001 beim Institut für geistiges Eigentum registrieren und stellte ihn wieder her. Vergessen wurde Weisflog Bitter nicht – aber vermisst. «Jetzt kommen regelmässig Leute aus Zürich nach Oberarth, um Weisflog zu holen», erzählt Müller.

Das Rezept? Geheim. Was denn sonst. Im Eintrag steht bloss «Bitter, Bitterpräparate, Liköre und Spirituosen».

— *Siehe auch: Luzerner Alpenbitter, Seite 75; Appenzeller Alpenbitter (Band 3), Bitter des Diablerets (Band 5).*

Quellenverzeichnis

www.kulinarischeserbe.ch
www.patrimoineculinaire.ch

www.prospecierara.ch
www.regionalprodukte.ch
www.slowfood.ch

Atlas der Schweizerischen Volkskunde:
www.sagw.ch/sgv/publikationen

Walter Aebischer und François de Capitani — *Kochen wie im alten Bern* (STÄMPFLI, Bern 2008).

Thomas Antonietti, Bruno Meier, Katrin Rieder *(Hg.)* — *Rückkehr in die Gegenwart – Volkskultur in der Schweiz* (HIER + JETZT, Baden 2008).

Hanns Bächtold *(Hg.)* — *Handwörterbuch des deutschen Aberglaubens* (WALTER DE GRUYTER, Berlin 1987).

Hannes Bertschi, Marcus Reckewitz — *Von Absinth bis Zabaione* (ARGON VERLAG, Berlin 2002).

Alexander Buchhofer, Emma Suter-Buchhofer — *Buchhofer's Schweizer Kochlehrbuch* (VERLAG MAB AG, Bern 1934).

Alan Davidson — *The Oxford Companion to Food* (OXFORD UNVERSITY PRESS, Oxford 1999).

François de Capitani — *Festliches Essen und Trinken im alten Bern* (BENTELI VERLAG, Bern 1982).

François de Capitani — *Soupes et citrons – La cuisine vaudoise sous l'Ancien Régime* (EDITIONS D'EN BAS, Lausanne 2002).

Schweizerische Fachschule für das Metzgereigewerbe *(Hg.)* — *Schweizer Wurstwaren – Saucisses de chez nous* (Spiez 1988).

Joseph Favre — *Dictionnaire universel de la cuisine pratique* (Edition nouvelle [éditions originales 1894–1906], OMNIBUS, Paris 2006).

Elisabeth Fülscher — *Das Fülscher-Kochbuch* (MÜLLER RÜSCHLIKON, 13. Auflage, Cham 1995 [1972]).

Andreas Heller — *Um die Wurst* (ECHTZEIT VERLAG, Basel 2007).

Paul Imhof *(Hg.)* — *Culinarium – Essen und Trinken in der Schweiz* (WERD VERLAG, Zürich 2003).

Kenneth F. Kiple, Kriemhild Coneè Ornelas — *The Cambridge World History of Food* (CAMBRIDGE UNIVERSITY PRESS, Cambridge 2000).

Larousse gastronomique (LAROUSSE-BORDAS, 1996).

IG Zuger Chriesi — Ueli Kleeb (zugerchriesi.ch).

Marion Mertens u. a. — *Der Lachs – Ein Fisch kehrt zurück* (HAUPT VERLAG, Bern 2011).

Jacques Montandon — *Le Jura à table – Légende, histoire et vérité de la gourmandise en pays jurassien* (EDITIONS PRO JURA, Moutier 1976).

Fritz J. Oberli — *Das Kochbuch aus der Innerschweiz – Rezepte aus über zwei Jahrtausenden aus der Nabel-Region Europas* (VERLAG WOLFGANG HÖLKER, Münster/Zürich 1978).

Felix E. Paturi — *Chronik der Technik* (CHRONIK VERLAG, Dortmund 1988).

Udo Pini — *Das Gourmet-Handbuch* (KÖNEMANN VERLAGSGESELLSCHAFT, Köln 2000).

Anita Rauch — *Originalrezepte der alten Basler Küche* (WALTER VERLAG, Olten 1978 [Sonderausgabe für den WELTBILD VERLAG, Olten 2002]).

Waverley Root — *Das Mundbuch – Eine Enzyklopädie alles Essbaren* (EICHBORN, Frankfurt a. M. 1994).

Alfred G. Roth — *Der Sbrinz und die verwandten Bergkäse der Schweiz* (EMMENTALER DRUCK, Burgdorf 1993).

Marie-Louise Roth — *Das Kochbuch aus Zürich* (WOLFGANG HÖLKER, Münster/Zürich 1977).

Amalie Schneider-Schlöth — *Basler Kochschule* (FRIEDRICH REINHARDT VERLAG, Basel 1983 [Neubearbeitung der Erstausgabe von 1877 durch Andreas Morel]).

Georg Schwaiger *(Hg.)* — *Mönchtum, Orden, Klöster – Ein Lexikon* (VERLAG C. H. BECK, München 1994).

Schweizerisches Idiotikon (Schweizerdeutsches Wörterbuch in bald 16 Bänden und mehr als 150 000 Stichwörtern vom Spätmittelalter bis ins 21. Jahrhundert, Zürich; www.idiotikon.ch).

Albert Spycher — *Back es im Öfelin oder in der Tortenpfann – Fladen, Kuchen, Fastenwähen und anderes Gebäck* (186. Neujahrsblatt, SCHWABE VERLAG, Basel 2008).

Stiftung HLS — *Historisches Lexikon der Schweiz* (SCHWABE VERLAG, Basel 1998–2012. www.hls.ch).

Max Straub *(Hg.)* — *Neuer Fischatlas des Kantons Zürich* (WERD VERLAG, Zürich 2001).

Universal-Lexikon der Kochkunst, Reprint der Originalausgabe von 1890 (REPRINT-VERLAG, Leipzig).

Margaret Visser — *Mahlzeit! Von den Erfindungen und Mythen, Verlockungen und Obsessionen, Geheimnissen und Tabus, die mit einem ganz gewöhnlichen Abendessen auf unseren Tisch kommen* (EICHBORN, 1998).

Margaret Visser — *The Rituals of Dinner – The Origins, Evolution, Eccentricities, and Meaning of Table Manners* (PENGUIN BOOKS, New York 1991).

Susanne Vögeli, Al Imfeld — *Schweizer Rezepte – neu entdeckt* (WERD VERLAG, Zürich 2001).

Conrad G. Weber — *Brauchtum in der Schweiz* (WERNER CLASSEN VERLAG, Zürich 1985).

Verzeichnis nach Kategorien

Das kulinarische Erbe, Band 1 bis 5

Zum Autor: Paul Imhof, 1952, Journalist und Buchautor, arbeitet als Redaktor beim TAGES-ANZEIGER und für das Monatsmagazin GEO als Schweiz-Redaktor und Autor. Er war sechs Jahre lang Korrespondent in Südostasien und hat beim Projekt «Kulinarisches Erbe der Schweiz» von Anfang an mitgewirkt. Er hat mehrere Bücher zu kulinarischen Themen geschrieben.

1. Auflage. 22. November 2012

ISBN 978-3-905800-60-9

Autor: Paul Imhof
Gestaltung: Müller+Hess, Basel
Fotografie: Hans-Jörg Walter
Illustration: Markus Roost und Roland Hausheer
Korrektorat: Max Wey
Druck: CPI – Ebner & Spiegel, Ulm

www.echtzeit.ch

Dank: Eine besondere Anerkennung verdienen die Mitglieder der Vereinigung «Das Beste der Region», die mit ihrem Interesse und ihrer finanziellen Unterstützung die Realisierung des Buches ermöglicht haben. Für die erfreuliche Zusammenarbeit bedanken wir uns speziell bei Gabi Doerig-Eschler, Katrin Schmid und Doris Mora Garro.

Der Autor bedankt sich bei der Journalistin Stephanie Riedi fürs kompetente Gegenlesen und bei seinem Leibkoch Christian Flubacher für manchen hilfreichen Hinweis in Worten und am Herd.

Am Anfang war die Idee, das kulinarische Erbe der Schweiz aufzuschreiben, bevor es in Vergessenheit geriete – als Postulat formuliert von Joseph Zisyadis, damals Nationalrat aus Lausanne, und weitergereicht an das Bundesamt für Landwirtschaft. Via AOC (Schweizerische Vereinigung der AOC-IGP) hat sich in Lausanne ein kleiner Verein konstituiert, IPPACS *(Inventaire des produits du patrimoine culinaire suisse)*, dem der Autor auch angehört. Dank gebührt Anne Gaudard, Isabelle Raboud-Schüle, Martine Jaques, Elisabeth Bavaud, Stéphane Boisseaux und Tobias Eisenring für fesselnde Gespräche und den höchst erfreulichen Brauch, jede Sitzung mit einer Runde kulinarischer Spezialitäten abzuschliessen (die im Protokoll vermerkt wurden).

Ohne die Arbeit des Vereins kulinarisches Erbe der Schweiz, der sich unentgeltlich für die Umsetzung des Projekts eingesetzt hat und dies trotz versiegter Kassen immer noch tut, wäre das Inventar kaum zustande gekommen. Gründungsmitglieder waren KOLAS (Konferenz der kantonalen Landwirtschaftsämter der Schweiz), Slow Food Schweiz, Agridea und IPPACS.

Isabelle Raboud-Schüle, Markus Ritter und Werner Mahrer führten bzw. führt den Verein mit Leidenschaft, Gelassenheit und einer gewissen Unbeugsamkeit durch bewegte Zeiten. Von 2005 bis Ende 2008 erstellte eine Equipe im Auftrag des Vereins in den Sprachregionen das Inventar: Stéphane Boisseaux, Geschäftsleiter, Franziska Schürch, wissenschaftliche Leiterin, Heike Zimmermann, Alexandra Rückert, Samuel Sandoz, Elisa Domeniconi, Jan Jirát, Fabian Meier und andere.

Ein ganz spezieller Dank gilt all jenen Bauern und Gewerbetreibenden, die sich tagtäglich ins Zeug legen und demonstrieren, wie lebendig das kulinarische Erbe der Schweiz im Grunde ist.